LA SANA CUCINA MEDITERRANEA 2022

RICETTE GUSTOSE E SEMPLICI PER

SORPRENDERE I FAMILIARI E AMICI

STEFANIA ARICI

Sommario

Pizza Quinoa 9

Pagnotta di Rosmarino e Noci 11

Gustosi Panini Crabby 14

Pizza perfetta 16

Margherita Mediterranea 20

Frittata Ripiena Di Zucchine Piccanti E Condimenti Di Pomodoro 22

Pane con panna acida alla banana 24

Pane Pita Fatto In Casa 26

Panini con focaccia 28

Piatto con pane pita zaatar tostato 30

Mini Chicken Shawarma 32

Pizza di Melanzane 34

Pizza Integrale Mediterranea 36

Pita di spinaci e feta al forno 37

Feta di anguria e pizza balsamica 39

Hamburger di spezie miste 40

Panini Prosciutto - Lattuga - Pomodoro e Avocado 42

Torta di spinaci 44

Hamburger di Pollo Feta 46

Maiale arrosto per tacos 48

Torta di Mele Italiana con olio d'oliva 50

Speedy Tilapia con cipolla rossa e avocado 52

Pesce alla griglia con limone 54

Cena di pesce in padella durante la settimana 56

Croccanti bastoncini di pesce alla polenta 58

Salmone in padella 60

Hamburger di tonno e zucchine toscani 62

Ciotola Siciliana di Cavolo Nero e Tonno 64

Spezzatino di merluzzo mediterraneo 66

Cozze al vapore in salsa di vino bianco 68

Gamberetti all'arancia e all'aglio 70

Gnocchi di Gamberi Arrosto al Forno 72

Puttanesca di gamberi piccanti 74

Panini Italiani di Tonno 76

Wrap di insalata di salmone all'aneto 78

Torta di Vongole Bianche 80

Farina Di Pesce Di Fagioli Al Forno 82

Spezzatino di merluzzo ai funghi 83

Pesce spada speziato 85

Pasta Mania alle Acciughe 87

Pasta Di Gamberetti All'aglio 89

Salmone con Miele e Aceto Balsamico 91

Farina Di Pesce Arancione 92

Zoodles di gamberetti 93

Trota agli Asparagi 95

Kale Olive Tuna 97

Gamberetti piccanti al rosmarino 99

Salmone agli asparagi 101

Insalata di nocciole al tonno 102

Zuppa cremosa di gamberetti 104

Salmone Speziato Con Quinoa Vegetale 106

Trota Senape Con Mele	108
Gnocchi con Gamberetti	110
Gamberetti Saganaki	112
Salmone Mediterraneo	114
Linguine ai frutti di mare	115
Gamberetti allo zenzero e salsa di pomodoro	117
Pasta ai gamberetti	120
Merluzzo alla mediterranea	122
Cozze al vino bianco	124
Salmone Dilly	126
Salmone alla mediterranea	128
Tonno Melody	129
Bistecche deliziose	130
Salmone alle erbe	131
Tonno Glassato Affumicato	132
Halibut croccante	133
Tonno facile e squisito	134
Cozze O 'Marina	135
Arrosto di manzo mediterraneo a cottura lenta	136
Manzo Mediterraneo a Cottura Lenta con Carciofi	138
Arrosto in stile mediterraneo magro a cottura lenta	140
Polpettone a cottura lenta	142
Hoagies di manzo mediterraneo a cottura lenta	144
Arrosto Di Maiale Mediterraneo	146
Pizza Di Manzo	148
Polpette di manzo e bulgur	151
Gustoso manzo e broccoli	153

Peperoncino Di Mais Di Manzo 154

Piatto Balsamico Di Manzo 155

Arrosto di manzo con salsa di soia 157

Arrosto Di Manzo Al Rosmarino 159

Costolette di maiale e salsa di pomodoro 161

Pollo con salsa di capperi 162

Hamburger di tacchino con salsa al mango 164

Petto Di Tacchino Arrosto Alle Erbe 166

Salsiccia di pollo e peperoni 168

Piccata Di Pollo 170

Pollo Toscano In Una Padella 172

Pollo Kapama 174

Petti di pollo ripieni di spinaci e feta 176

Cosce Di Pollo Al Forno Al Rosmarino 178

Pollo con cipolle, patate, fichi e carote 178

Pollo e Tzatziki 180

Moussaka 182

Filetto di maiale di Digione e alle erbe 184

Bistecca con Salsa di Funghi e Vino Rosso 186

Polpette greche 189

Agnello con Fagiolini 191

Pollo in salsa di pomodoro e salsa balsamica 193

Insalata di riso integrale, feta, piselli freschi e menta 195

Pane Pita Integrale Ripieno Di Olive E Ceci 197

Carote Arrosto con Noci e Fagioli Cannellini 199

Pollo Al Burro Condito 201

Doppio Pollo con Pancetta e Formaggio 203

Gamberetti al Limone e Pepe 205

Ippoglosso impanato e speziato 207

Salmone al curry con senape 209

Salmone in crosta di noci e rosmarino 210

Spaghetti Al Pomodoro Veloci 212

Chili Origano Formaggio Al Forno 214

311. Pollo croccante italiano 214

Pollo greco a cottura lenta 216

Pollo allo Spiedo 218

Pizza Quinoa

Tempo di preparazione: 15 minuti

Tempo di cottura : 30 minuti

Porzioni: 4

Livello di difficoltà: facile

Ingredienti:

- 1 tazza di quinoa cruda
- 2 uova grandi
- ½ cipolla media, tagliata a dadini
- 1 tazza di peperone a dadini
- 1 tazza di mozzarella grattugiata
- 1 cucchiaio di basilico essiccato
- 1 cucchiaio di origano essiccato
- 2 cucchiaini di aglio in polvere
- 1/8 cucchiaino di sale
- 1 cucchiaino di peperoni rossi tritati
- ½ tazza di peperone rosso arrostito, tritato *
- Pizza Sauce, circa 1-2 tazze

Indicazioni:

Preriscalda il forno a 350oF. Cuoci la quinoa seguendo le istruzioni. Unisci tutti gli ingredienti (tranne la salsa) nella ciotola. Mescola bene tutti gli ingredienti.

Versare uniformemente la miscela per la pizza con la quinoa nella teglia per muffin. Per 12 muffin. Cuocere per 30 minuti finché i muffin non diventano dorati e i bordi diventano croccanti.

Completa con 1 o 2 cucchiai di salsa per pizza e divertiti!

Nutrizione (per 100 g): 303 calorie 6,1 g di grassi 41,3 g di carboidrati 21 g di proteine 694 mg di sodio

Pagnotta di Rosmarino e Noci

Tempo di preparazione: 5 minuti

Tempo di cottura : 45 minuti

Porzioni: 8

Livello di difficoltà: difficile

Ingredienti:

- ½ tazza di noci tritate
- 4 cucchiai di rosmarino fresco tritato
- 1 tazza e 1/3 di acqua gassata tiepida
- 1 cucchiaio di miele
- ½ tazza di olio extravergine di oliva
- 1 cucchiaino di aceto di mele
- 3 uova
- 5 cucchiaini di lievito secco istantaneo in granuli
- 1 cucchiaino di sale
- 1 cucchiaio di gomma xantana
- ¼ di tazza di latticello in polvere
- 1 tazza di farina di riso bianco
- 1 tazza di amido di tapioca
- 1 tazza di amido di arrowroot
- 1 ¼ di tazza di miscela di farina senza glutine Bob's Red Mill per tutti gli usi

Indicazioni:

In una grande ciotola, sbatti bene le uova. Aggiungi 1 tazza di acqua calda, miele, olio d'oliva e aceto.

Continuando a sbattere, incorporare il resto degli ingredienti tranne il rosmarino e le noci.

Continua a battere. Se l'impasto è troppo compatto, mescolare un po 'di acqua tiepida. L'impasto dovrebbe essere ispido e denso.

Quindi aggiungere il rosmarino e le noci continuare a impastare fino a quando non saranno distribuite uniformemente.

Copri la ciotola di pasta con un panno pulito, mettila in un luogo caldo e lasciala lievitare per 30 minuti.

Dopo quindici minuti dall'inizio della lievitazione, preriscaldare il forno a 400oF.

Ungere generosamente con olio d'oliva un forno olandese da 2 quarti e preriscaldare all'interno del forno senza coperchio.

Una volta che l'impasto ha finito di lievitare, togliere la pentola dal forno e posizionare l'impasto all'interno. Con una spatola bagnata, distribuire uniformemente la parte superiore della pasta nella pentola.

Spennellare le parti superiori del pane con 2 cucchiai di olio d'oliva, coprire il forno olandese e infornare per 35-45 minuti. Una volta che il pane è cotto, togliere dal forno. E rimuovere delicatamente il pane dalla pentola. Lasciar raffreddare il pane almeno dieci minuti prima di affettarlo. Servite e gustate.

Nutrizione (per 100 g): 424 calorie 19 g di grassi 56,8 g di carboidrati 7 g di proteine 844 mg di sodio

Gustosi Panini Crabby

Tempo di preparazione: 5 minuti

Tempo di cottura : 10 minuti

Porzioni: 4

Livello di difficoltà: facile

Ingredienti:

- 1 cucchiaio di olio d'oliva
- Pane francese diviso e affettato in diagonale
- 1 libbra di granchio di gamberetti
- ½ tazza di sedano
- ¼ di tazza di cipolla verde tritata
- 1 cucchiaino di salsa Worcestershire
- 1 cucchiaino di succo di limone
- 1 cucchiaio di senape di Digione
- ½ tazza di maionese leggera

Indicazioni:

In una ciotola media mescolare accuratamente quanto segue: sedano, cipolla, Worcestershire, succo di limone, senape e maionese. Condite con pepe e sale. Quindi aggiungere delicatamente le mandorle e i granchi.

Spalmare l'olio d'oliva sui lati del pane a fette e spalmare con il composto di granchio prima di coprire con un'altra fetta di pane.

Grigliare il panino in una pressa Panini fino a quando il pane non è croccante e increspato.

Nutrizione (per 100 g): 248 calorie 10,9 g di grassi 12 g di carboidrati 24,5 g di proteine 845 mg di sodio

Pizza perfetta

Tempo di preparazione: 35 minuti

Tempo di cottura : 15 minuti

Porzioni: 10

Livello di difficoltà: difficile

Ingredienti:

- Per l'impasto della pizza:
- 2 cucchiaini di miele
- 1/4 oz. lievito secco attivo
- 11/4 tazze di acqua calda (circa 120 ° F)
- 2 cucchiai di olio d'oliva
- 1 cucchiaino di sale marino
- 3 tazze di farina integrale + 1/4 di tazza, se necessario per arrotolare
- Per la farcitura della pizza:
- 1 tazza di pesto
- 1 tazza di cuori di carciofi
- 1 tazza di foglie di spinaci appassite
- 1 tazza di pomodoro essiccato al sole
- 1/2 tazza di olive Kalamata
- 4 once. formaggio feta
- 4 once. formaggio misto in parti uguali mozzarella magro, asiago e provola olio d'oliva

- **Componenti aggiuntivi per guarnizioni opzionali:**
- Peperone
- Petto di pollo, strisce Basilico fresco
- pinoli

Indicazioni:

Per l'impasto della pizza:

Preriscalda il forno a 350 ° F.

Mescola il miele e il lievito con l'acqua calda nel robot da cucina con un accessorio per impasto. Frulla la miscela fino a quando non è completamente combinata. Lasciate riposare il composto per 5 minuti per garantire l'attività del lievito attraverso la comparsa di bollicine in superficie.

Versare l'olio d'oliva. Aggiungere il sale e frullare per mezzo minuto. Aggiungere gradualmente 3 tazze di farina, circa mezza tazza alla volta, mescolando per un paio di minuti tra ogni aggiunta.

Lascia che il robot da cucina impasti il composto per 10 minuti fino a renderlo liscio ed elastico, cospargendolo di farina ogni volta che è necessario per evitare che l'impasto si attacchi alle superfici della ciotola del robot da cucina.

Prendi l'impasto dalla ciotola. Lasciar riposare per 15 minuti, coperto con un asciugamano umido e caldo.

Stendete la pasta a uno spessore di mezzo pollice, spolverandola di farina quanto basta. Praticare indiscriminatamente dei buchi sull'impasto usando una forchetta per evitare che la crosta ribollisca.

Posizionare l'impasto perforato e arrotolato su una pietra per pizza o una teglia da forno. Cuocere per 5 minuti.

Per la farcitura della pizza:

Spennellare leggermente il guscio della pizza cotta con olio d'oliva.

Versare sopra il pesto e distribuire bene sulla superficie del guscio della pizza, lasciando uno spazio di mezzo pollice attorno al bordo come la crosta.

Guarnisci la pizza con cuori di carciofi, foglie di spinaci appassiti, pomodori secchi e olive. (Completare con altri componenti aggiuntivi, se lo si desidera.) Coprire la parte superiore con il formaggio.

Mettere la pizza direttamente sulla griglia del forno. Cuocere per 10 minuti finché il formaggio non bolle e si scioglie dal centro fino alla fine. Lascia raffreddare la pizza per 5 minuti prima di affettarla.

Nutrizione (per 100 g): 242,8 calorie 15,1 g di grassi 15,7 g di carboidrati 14,1 g di proteine 942 mg di sodio

Margherita Mediterranea

Tempo di preparazione: 15 minuti

Tempo di cottura : 15 minuti

Porzioni: 10

Livello di difficoltà: difficile

Ingredienti:

- Guscio per pizza da 1 lotto
- 2 cucchiai di olio d'oliva
- 1/2 tazza di pomodori schiacciati
- Pomodori 3-Roma, tagliati a fette spesse 1/4 di pollice
- 1/2 tazza di foglie di basilico fresco, affettate sottilmente
- 6 once mozzarella in blocco, tagliata a fettine da 1/4 di pollice, asciugatela con carta assorbente
- 1/2 cucchiaino di sale marino

Indicazioni:

Preriscalda il forno a 450 ° F.

Spennellate leggermente il guscio della pizza con olio d'oliva. Distribuire accuratamente i pomodori schiacciati sul guscio della pizza, lasciando uno spazio di mezzo pollice attorno al bordo come la crosta.

Guarnisci la pizza con le fette di pomodoro Roma, le foglie di basilico e le fette di mozzarella. Cospargere di sale la pizza.

Trasferire la pizza direttamente sulla griglia del forno. Cuocere fino a quando il formaggio si scioglie dal centro alla crosta. Mettere da parte prima di affettare.

Nutrizione (per 100 g): 251 calorie 8 g di grassi 34 g di carboidrati 9 g di proteine 844 mg di sodio

Frittata Ripiena Di Zucchine Piccanti E Condimenti Di Pomodoro

Tempo di preparazione: 10 minuti

Tempo di cottura : 15 minuti

Porzioni: 4

Livello di difficoltà: facile

Ingredienti:

- Uova da 8 pezzi
- 1/4 di cucchiaino di peperone rosso, schiacciato
- 1/4 cucchiaino di sale
- 1 cucchiaio di olio d'oliva
- 1 pezzo di zucchine piccole, tagliate a fettine sottili nel senso della lunghezza
- 1/2 tazza di pomodorini rossi o gialli, tagliati a metà
- 1/3 di tazza di noci, tritate grossolanamente
- 2 once. bocconcini di mozzarella fresca di piccole dimensioni

Indicazioni:

Preriscalda la griglia. Nel frattempo, sbatti insieme le uova, il peperoncino tritato e il sale in una ciotola di medie dimensioni. Mettere da parte.

In una padella a prova di grill da 10 pollici posta a fuoco medio-alto, scalda l'olio d'oliva. Disporre le fette di zucchine in uno strato uniforme sul fondo della padella. Cuocere per 3 minuti rigirandole una volta, a metà cottura.

Ricopri lo strato di zucchine con i pomodorini. Riempi il composto di uova sulle verdure in padella. Completare con le noci e le palline di mozzarella.

Passa a una fiamma media. Cuocere fino a quando i lati iniziano a solidificarsi. Con una spatola sollevate la frittata per far scorrere al di sotto le porzioni crude del composto di uova.

Metti la padella sulla griglia. Cuocere la frittata a 4 pollici dal fuoco per 5 minuti fino a quando la parte superiore non si sarà solidificata. Per servire tagliare la frittata a spicchi.

Nutrizione (per 100 g): 284 calorie 14 g di grassi 4 g di carboidrati 17 g di proteine 788 mg di sodio

Pane con panna acida alla banana

Tempo di preparazione: 10 minuti

Tempo di cottura : 1 ora e 10 minuti

Porzioni: 32

Livello di difficoltà: medio

Ingredienti:

- Zucchero bianco (.25 tazza)
- Cannella (1 cucchiaino + 2 cucchiaini)
- Burro (0,75)
- Zucchero bianco (3 tazze)
- Uova (3)
- Banane molto mature, schiacciate (6)
- Panna acida (contenitore da 16 once)
- Estratto di vaniglia (2 cucchiaini)
- Sale (0,5 cucchiaini)
- Bicarbonato di sodio (3 cucchiaini)
- Farina per tutti gli usi (4,5 tazze)
- Opzionale: noci tritate (1 tazza)
- Necessario anche: padelle da 4 - 7 x 3 pollici

Indicazioni:

Imposta il forno in modo che raggiunga i 300 ° Fahrenheit. Ungere le teglie da pane.

Setaccia lo zucchero e un cucchiaino di cannella. Spolverare la padella con il composto.

Montare il burro con il resto dello zucchero. Schiaccia le banane con le uova, la cannella, la vaniglia, la panna acida, il sale, il bicarbonato di sodio e la farina. Getta le noci per ultimo.

Versa la miscela nelle padelle. Cuocilo per un'ora. Servire

Nutrizione (per 100 g): 263 calorie 10,4 g di grassi 9 g di carboidrati 3,7 g di proteine 633 mg di sodio

Pane Pita Fatto In Casa

Tempo di preparazione: 15 minuti

Tempo di cottura : 5 ore (include tempi di lievitazione)

Porzioni: 7

Livello di difficoltà: difficile

Ingredienti:

- Lievito secco (0,25 once)
- Zucchero (0,5 cucchiaini)
- Farina di pane / miscela di grano intero e per tutti gli usi (2,5 tazze o più per spolverare)
- Sale (0,5 cucchiaini)
- Acqua (0,25 tazza o secondo necessità)
- olio quanto basta

Indicazioni:

Sciogliere il lievito e lo zucchero in ¼ di tazza di acqua tiepida in un piccolo recipiente per impastare. Attendi circa 15 minuti (pronto quando sarà spumoso).

In un altro contenitore setacciate la farina e il sale. Fare un buco al centro e aggiungere la miscela di lievito (+) una tazza d'acqua. Impastare la pasta.

Adagiatelo su una superficie leggermente infarinata e impastate.

Mettete un filo d'olio sul fondo di una ciotola capiente e stendeteci l'impasto fino a coprire la superficie.

Metti uno strofinaccio inumidito sul contenitore dell'impasto. Avvolgere la ciotola con un panno umido e metterla in un luogo caldo per almeno due ore o durante la notte. (L'impasto raddoppierà le sue dimensioni).

Pestare la pasta e impastare il pane e dividerlo in palline. Appiattisci le palline in dischi ovali spessi.

Spolverate uno strofinaccio con la farina e adagiatevi sopra i dischi ovali, lasciando abbastanza spazio per espandersi tra di loro. Spolverare con la farina e adagiarvi sopra un altro panno pulito. Lasciar lievitare per un'altra o due ore.

Imposta il forno a 425 ° Fahrenheit. Mettere diverse teglie nel forno a scaldare brevemente. Ungere leggermente le teglie riscaldate con olio e adagiarvi sopra i dischi ovali di pane.

Cospargere leggermente gli ovali con acqua e cuocere fino a quando non saranno leggermente dorati o per sei-otto minuti.

Serviteli finché sono caldi. Disporre le focacce su una gratella e avvolgerle in un panno pulito e asciutto per tenerle morbide per dopo.

Nutrizione (per 100 g): 210 calorie 4 g di grassi 6 g di carboidrati 6 g di proteine 881 mg di sodio

Panini con focaccia

Tempo di preparazione: 10 minuti

Tempo di cottura : 20 minuti

Porzioni: 6

Livello di difficoltà: facile

Ingredienti:

- Olio d'oliva (1 cucchiaio)
- Pilaf ai 7 cereali (confezione da 8,5 once)
- Cetriolo inglese senza semi (1 tazza)
- Pomodoro a semi (1 tazza)
- Formaggio feta sbriciolato (.25 tazza)
- Succo di limone fresco (2 cucchiai)
- Pepe nero appena spezzato (0,25 cucchiaini)
- Hummus semplice (contenitore da 7 once)
- Impacchi di focaccia bianca integrale (3 da 2,8 once ciascuno)

Indicazioni:

Cuocere il pilaf come indicato sulle istruzioni sulla confezione e lasciar raffreddare.

Trita e unisci il pomodoro, il cetriolo, il formaggio, l'olio, il pepe e il succo di limone. Incorpora il pilaf.

Preparate gli involtini con l'hummus su un lato. Aggiungi il pilaf e piega.

Affetta in un panino e servi.

Nutrizione (per 100 g): 310 calorie 9 g di grassi 8 g di carboidrati 10 g di proteine 745 mg di sodio

Piatto con pane pita zaatar tostato

Tempo di preparazione: 10 minuti

Tempo di cottura : 10 minuti

Porzioni: 4

Livello di difficoltà: medio

Ingredienti:

- Fette di pita integrale (4)
- Olio d'oliva (4 cucchiai)
- Zaatar (4 cucchiaini)
- Yogurt greco (1 tazza)
- Pepe nero e sale kosher (a proprio piacimento)
- Hummus (1 tazza)
- Cuori di carciofi marinati (1 tazza)
- Olive assortite (2 tazze)
- Peperoni rossi arrostiti a fette (1 tazza)
- Pomodorini (2 tazze)
- Salame (4 oz.)

Indicazioni:

Usa la temperatura medio-alta per riscaldare una padella grande.

Ungete leggermente la pita con l'olio da ogni lato e aggiungete lo zaatar per condire.

Preparare in lotti aggiungendo la pita in una padella e tostando fino a doratura. Dovrebbero volerci circa due minuti su ogni lato. Taglia ciascuna delle focacce in quarti.

Condire lo yogurt con pepe e sale.

Per assemblare, dividere le patate e aggiungere l'hummus, lo yogurt, i cuori di carciofi, le olive, i peperoni rossi, i pomodori e il salame.

Nutrizione (per 100 g): 731 calorie 48 g di grassi 10 g di carboidrati 26 g di proteine 632 mg di sodio

Mini Chicken Shawarma

Tempo di preparazione: 10 minuti

Tempo di cottura : 1 ora e 15 minuti

Porzioni: 8

Livello di difficoltà: facile

Ingredienti:

- <u>Il pollo:</u>
- Offerte di pollo (1 lb.)
- Olio d'oliva (.25 tazza)
- Limone - scorza e succo (1)
- Cumino (1 cucchiaino)
- Aglio in polvere (2 cucchiaini)
- Paprika affumicata (0,5 cucchiaini)
- Coriandolo (0,75 cucchiaini)
- Pepe nero appena macinato (1 cucchiaino)
- <u>La salsa:</u>
- Yogurt greco (1,25 tazze)
- Succo di limone (1 cucchiaio)
- Spicchio d'aglio grattugiato (1)
- Aneto appena tritato (2 cucchiai)
- Pepe nero (0,125 cucchiaini / a piacere)
- Sale kosher (a piacere)
- Prezzemolo fresco tritato (.25 tazza)
- Cipolla rossa (metà di 1)

- Lattuga romana (4 foglie)
- Cetriolo inglese (metà di 1)
- Pomodori (2)
- Mini pita (16)

Indicazioni:

Metti il pollo in un sacchetto con cerniera. Sbatti le guarnizioni di pollo e aggiungile alla busta per far marinare fino a un'ora.

Prepara la salsa unendo il succo, l'aglio e lo yogurt in un recipiente per mescolare. Incorporare l'aneto, il prezzemolo, il pepe e il sale. Mettete in frigo.

Riscaldare una padella utilizzando l'impostazione di calore a temperatura media. Trasferisci il pollo dalla marinata (lascia sgocciolare via l'eccesso).

Cuocere fino a completa cottura o circa quattro minuti per lato. Tagliarlo a strisce piccole.

Affettate sottilmente il cetriolo e la cipolla. Sminuzzare la lattuga e tritare i pomodori. Montare e aggiungere alle focacce: il pollo, la lattuga, la cipolla, il pomodoro e il cetriolo.

Nutrizione (per 100 g): 216 calorie 16 g di grassi 9 g di carboidrati 9 g di proteine 745 mg di sodio

Pizza di Melanzane

Tempo di preparazione: 10 minuti

Tempo di cottura : 30 minuti

Porzioni: 6

Livello di difficoltà: medio

Ingredienti:

- Melanzane (1 grande o 2 medie)
- Olio d'oliva (.33 tazza)
- Pepe nero e sale (a piacere)
- Salsa marinara - acquistata in negozio / fatta in casa (1,25 tazze)
- Mozzarella grattugiata (1,5 tazze)
- Pomodorini (2 tazze - dimezzati)
- Foglie di basilico strappate (.5 tazza)

Indicazioni:

Riscalda il forno fino a raggiungere i 400 ° Fahrenheit. Preparare la teglia con uno strato di carta da forno.

Taglia le estremità / le estremità delle melanzane e tagliale a fettine da di pollice. Disporre le fette sulla sfoglia preparata e spennellare entrambi i lati con olio d'oliva. Spolverate con pepe e sale a vostro piacimento.

Arrostire le melanzane finché sono teneri (da 10 a 12 min.).

Trasferisci la teglia dal forno e aggiungi due cucchiai di salsa sopra ogni sezione. Completalo con la mozzarella e da tre a cinque pezzi di pomodoro in cima.

Cuocere fino a quando il formaggio non si sarà sciolto. I pomodori dovrebbero iniziare a formare vesciche in circa cinque o sette minuti in più.

Sfornate la teglia. Impiattare e guarnire il basilico.

Nutrizione (per 100 g): 257 calorie 20 g di grassi 11 g di carboidrati 8 g di proteine 789 mg di sodio

Pizza Integrale Mediterranea

Tempo di preparazione: 10 minuti

Tempo di cottura : 25 minuti

Porzioni: 4

Livello di difficoltà: facile

Ingredienti:

- Crosta di pizza integrale (1)
- Pesto al basilico (vaso da 4 once)
- Cuori di carciofi (.5 tazza)
- Olive Kalamata (2 cucchiai)
- Pepperoncini (2 cucchiai. Scolati)
- Feta (.25 tazza)

Indicazioni:

Programma il forno a 450 ° Fahrenheit.

Scolare e fare a pezzi i carciofi. Affettare / tritare i peperoncini e le olive.

Disporre la crosta di pizza su un piano di lavoro infarinato e coprirla con il pesto. Disporre i carciofi, le fette di peperoncino e le olive sopra la pizza. Infine, sbriciolare e aggiungere la feta.

Infornate per 10-12 minuti. Servire.

Nutrizione (per 100 g): 277 calorie 18,6 g di grassi 8 g di carboidrati 9,7 g di proteine 841 mg di sodio

Pita di spinaci e feta al forno

Tempo di preparazione: 5 minuti

Tempo di cottura : 22 minuti

Porzioni: 6

Livello di difficoltà: difficile

Ingredienti:

- Pesto di pomodori secchi (6 oz. Vasca)
- Roma - pomodorini (2 tritati)
- Pane pita integrale (sei 6 pollici)
- Spinaci (1 mazzetto)
- Funghi (4 a fette)
- Parmigiano grattugiato (2 cucchiai)
- Formaggio feta sbriciolato (0,5 tazza)
- Olio d'oliva (3 cucchiai)
- Pepe nero (a piacere)

Indicazioni:

Imposta il forno a 350 ° Fahrenheit.

Spennellare il pesto su un lato di ogni pane pita e disporli su una teglia (lato pesto rivolto verso l'alto).

Sciacquare e tritare gli spinaci. Guarnisci le focacce con spinaci, funghi, pomodori, feta, pepe, parmigiano, pepe e un filo d'olio.

Cuocere in forno caldo fino a quando il pane pita è croccante (12 min.). Taglia le focacce in quarti.

Nutrizione (per 100 g): 350 calorie 17,1 g di grassi 9 g di carboidrati 11,6 g di proteine 712 mg di sodio

Feta di anguria e pizza balsamica

Tempo di preparazione: 10 minuti

Tempo di cottura : 15 minuti

Porzioni: 4

Livello di difficoltà: facile

Ingredienti:

- Anguria (1 pollice di spessore dal centro)
- Formaggio feta sbriciolato (1 oncia)
- Olive Kalamata a fette (5-6)
- Foglie di menta (1 cucchiaino)
- Glassa balsamica (0,5 cucchiai)

Indicazioni:

Taglia a metà la parte più larga dell'anguria. Quindi, affetta ciascuna metà in quattro spicchi.

Servire su una tortiera tonda come una pizza tonda e coprire con le olive, il formaggio, le foglie di menta e la glassa.

Nutrizione (per 100 g): 90 calorie 3 g di grassi 4 g di carboidrati 2 g di proteine 761 mg di sodio

Hamburger di spezie miste

Tempo di preparazione: 10 minuti

Tempo di cottura : 30 minuti

Porzioni: 6

Livello di difficoltà: medio

Ingredienti:

- Cipolla media (1)
- Prezzemolo fresco (3 cucchiai)
- Spicchio d'aglio (1)
- Pimento macinato (0,75 cucchiaini)
- Pepe (0,75 cucchiaini)
- Noce moscata macinata (0,25 cucchiaini)
- Cannella (0,5 cucchiaini)
- Sale (0,5 cucchiaini)
- Menta fresca (2 cucchiai)
- 90% di carne macinata magra (1,5 libbre)
- Opzionale: salsa Tzatziki fredda

Indicazioni:

Tritare / tritare finemente il prezzemolo, la menta, l'aglio e le cipolle.

Sbatti la noce moscata, il sale, la cannella, il pepe, il pimento, l'aglio, la menta, il prezzemolo e la cipolla.

Aggiungere la carne di manzo e preparare sei (6) tortini oblunghi da 2x4 pollici.

Usa la temperatura media per grigliare le polpette o cuocerle alla griglia a quattro pollici dal fuoco per 6 minuti per lato.

Quando hanno finito, il termometro per carne registrerà 160° Fahrenheit. Servire con la salsa se lo si desidera.

Nutrizione (per 100 g): 231 calorie 9 g di grassi 10 g di carboidrati 32 g di proteine 811 mg di sodio

Panini Prosciutto - Lattuga - Pomodoro e Avocado

Tempo di preparazione: 10 minuti
Tempo di cottura : 10 minuti
Porzioni: 4
Livello di difficoltà: facile

Ingredienti:

- Prosciutto (2 oz./8 fette sottili)
- Avocado maturo (1 tagliato a metà)
- Lattuga romana (4 foglie intere)
- Pomodoro grande maturo (1)
- Fette di pane integrale o integrale (8)
- Pepe nero e sale kosher (0,25 cucchiaini)

Indicazioni:

Taglia le foglie di lattuga in otto pezzi (totale). Affetta il pomodoro in otto rondelle. Tostare il pane e metterlo su un piatto.

Raschiare la polpa di avocado dalla pelle e gettarla in una terrina. Spolveratela leggermente con pepe e sale. Sbatti o schiaccia delicatamente l'avocado fino a renderlo cremoso. Distribuire sul pane.

Prepara un panino. Prendi una fetta di pane tostato all'avocado; guarnire con una foglia di lattuga, una fetta di prosciutto e una fetta di pomodoro. Completare con un'altra fetta di pomodoro lattuga e continuare.

Ripeti il processo fino a quando tutti gli ingredienti sono esauriti.

Nutrizione (per 100 g): 240 calorie 9 g di grassi 8 g di carboidrati 12 g di proteine 811 mg di sodio

Torta di spinaci

Tempo di preparazione: 10 minuti

Tempo di cottura : 60 minuti

Porzioni: 6

Livello di difficoltà: medio

Ingredienti:

- Burro fuso (0,5 tazza)
- Spinaci surgelati (10 oz. Pkg.)
- Prezzemolo fresco (0,5 tazza)
- Cipolle verdi (0,5 tazza)
- Aneto fresco (0,5 tazza)
- Formaggio feta sbriciolato (0,5 tazza)
- Crema di formaggio (4 once)
- Ricotta (4 once)
- Parmigiano (2 cucchiai - grattugiato)
- Uova grandi (2)
- Pepe e sale (a piacere)
- Pasta fillo (40 fogli)

Indicazioni:

Riscaldare l'impostazione del forno a 350 ° Fahrenheit.

Trita / trita le cipolle, l'aneto e il prezzemolo. Scongelare gli spinaci e le sfoglie di pasta. Tamponare gli spinaci a secco strizzandoli.

Unisci gli spinaci, lo scalogno, le uova, i formaggi, il prezzemolo, l'aneto, il pepe e il sale in un frullatore fino a ottenere una crema.

Preparare i piccoli triangoli fillo riempiendoli con un cucchiaino della miscela di spinaci.

Spennellate leggermente l'esterno dei triangoli con il burro e disponeteli con il lato della cucitura rivolto verso il basso su una teglia non unta.

Metterli nel forno caldo per cuocere fino a doratura e gonfiati (20-25 min.). Servire ben caldo.

Nutrizione (per 100 g): 555 calorie 21,3 g di grassi 15 g di carboidrati 18,1 g di proteine 681 mg di sodio

Hamburger di Pollo Feta

Tempo di preparazione: 10 minuti

Tempo di cottura : 30 minuti

Porzioni: 6

Livello di difficoltà: medio

Ingredienti:

- ¼ di tazza di maionese a ridotto contenuto di grassi
- ¼ di tazza di cetriolo tritato finemente
- ¼ di cucchiaino di pepe nero
- 1 cucchiaino di aglio in polvere
- ½ tazza di peperone rosso dolce arrostito tritato
- ½ cucchiaino di condimento greco
- 1,5 libbre di pollo macinato magro
- 1 tazza di formaggio feta sbriciolato
- 6 panini integrali per hamburger

Indicazioni:

Preriscalda la griglia in forno in anticipo. Mescola la maionese e il cetriolo. Mettere da parte.

Unisci ogni condimento e peperoncino per gli hamburger. Mescolare bene il pollo e il formaggio. Formare la miscela in polpette spesse 6 pollici e mezzo.

Cuocere gli hamburger in una griglia e posizionarli a circa quattro pollici dalla fonte di calore. Cuocere fino a quando il termometro raggiunge i 165 ° Fahrenheit.

Servire con focacce e salsa di cetrioli. Guarnire con pomodoro e lattuga se lo si desidera e servire.

Nutrizione (per 100 g): 356 calorie 14 g di grassi 10 g di carboidrati 31 g di proteine 691 mg di sodio

Maiale arrosto per tacos

Tempo di preparazione: 10 minuti

Tempo di cottura : 1 ora e 15 minuti

Porzioni: 6

Livello di difficoltà: medio

Ingredienti:

- Spalla di maiale arrosto (4 libbre)
- Peperoncini verdi a cubetti (lattine da 2 - 4 once)
- Peperoncino in polvere (0,25 tazza)
- Origano essiccato (1 cucchiaino)
- Condimento per taco (1 cucchiaino)
- Aglio (2 cucchiaini)
- Sale (1,5 cucchiaini o se lo desideri)

Indicazioni:

Imposta il forno in modo che raggiunga i 300 ° Fahrenheit.

Posiziona l'arrosto sopra un grande foglio di carta stagnola.

Scolare i peperoncini. Trita l'aglio.

Mescola i peperoncini verdi, il condimento per taco, il peperoncino in polvere, l'origano e l'aglio. Strofinare il composto sull'arrosto e coprire con uno strato di carta stagnola.

Posizionare il maiale avvolto sopra una griglia su una teglia per raccogliere eventuali perdite.

Cuocilo per 3,5 o 4 ore nel forno caldo finché non cade a pezzi. Cuocere fino a quando il centro raggiunge almeno 145 ° Fahrenheit quando testato con un termometro per carne (temperatura interna).

Trasferisci l'arrosto su un tagliere per sminuzzarlo in piccoli pezzi usando due forchette. Condiscilo a piacere.

Nutrizione (per 100 g): 290 calorie 17,6 g di grassi 12 g di carboidrati 25,3 g di proteine 471 mg di sodio

Torta di Mele Italiana con olio d'oliva

Tempo di preparazione: 10 minuti

Tempo di cottura : 1 ora e 10 minuti

Porzioni: 12

Livello di difficoltà: medio

Ingredienti:

- Mele Gala (2 grandi)
- Succo d'arancia - per ammollo le mele
- Farina multiuso (3 tazze)
- Cannella in polvere (0,5 cucchiaini)
- Noce moscata (0,5 cucchiaini)
- Lievito in polvere (1 cucchiaino)
- Bicarbonato di sodio (1 cucchiaino)
- Zucchero (1 tazza)
- Olio d'oliva (1 tazza)
- Uova grandi (2)
- Uvetta dorata (.66 tazza)
- Zucchero a velo - per spolverare
- Necessario anche: teglia da forno da 9 pollici

Indicazioni:

Pelare e tritare finemente le mele. Cospargere le mele con succo d'arancia quanto basta per evitare che diventino dorate.

Mettete a bagno l'uvetta in acqua tiepida per 15 minuti e scolatela bene.

Setaccia il bicarbonato di sodio, la farina, il lievito, la cannella e la noce moscata. Mettilo da parte per ora.

Versare l'olio d'oliva e lo zucchero nella ciotola di una planetaria. Mescolare a bassa temperatura per 2 minuti o finché non sono ben amalgamati.

Frullatele mentre correte, rompete le uova una alla volta e continuate a mescolare per 2 minuti. La miscela dovrebbe aumentare di volume; dovrebbe essere denso, non che cola.

Combina bene tutti gli ingredienti. Fai un buco al centro della miscela di farina e aggiungi la miscela di olive e zucchero.

Eliminate le mele dal succo in eccesso e scolate l'uvetta che è stata ammollata. Aggiungeteli insieme alla pastella, mescolando bene.

Preparate la teglia con carta forno. Mettere la pastella sulla padella e livellarla con il dorso di un cucchiaio di legno.

Cuocere per 45 minuti a 350 ° Fahrenheit.

Quando è pronta, togliete la torta dalla carta forno e adagiatela in un piatto da portata. Spolverare con lo zucchero a velo. Scaldare il miele scuro per guarnire la superficie.

Nutrizione (per 100 g): 294 calorie 11 g di grassi 9 g di carboidrati 5,3 g di proteine 691 mg di sodio

Speedy Tilapia con cipolla rossa e avocado

Tempo di preparazione: 10 minuti
Tempo di cottura : Cinque minuti
Porzioni: 4
Livello di difficoltà: medio

Ingredienti:

- 1 cucchiaio di olio extravergine d'oliva
- 1 cucchiaio di succo d'arancia appena spremuto
- ¼ di cucchiaino kosher o sale marino
- 4 (4 once) filetti di tilapia, più oblunghi che quadrati, con la pelle o con la pelle
- ¼ di tazza di cipolla rossa tritata
- 1 avocado

Indicazioni:

In una tortiera di vetro da 9 pollici, unisci insieme l'olio, il succo d'arancia e il sale. Lavorate contemporaneamente i filetti, adagiateli ciascuno nella tortiera e ricopriteli su tutti i lati. Formare i filetti a forma di ruota di carro. Metti ogni filetto con 1 cucchiaio di cipolla, quindi piega l'estremità del filetto che sporge a metà sul bordo sopra la cipolla. Una volta fatto, dovresti avere 4 filetti ripiegati con la piega contro il bordo esterno del piatto e le estremità tutte al centro.

Avvolgere la pirofila con la plastica, lasciare una piccola parte aperta sul bordo per far sfogare il vapore. Cuocere a fuoco alto per circa 3 minuti nel microonde. Quando è pronto, dovrebbe separarsi in scaglie (pezzi) quando viene pressato delicatamente con una forchetta. Guarnire i filetti con l'avocado e servire.

Nutrizione (per 100 g): 200 calorie 3 g di grassi 4 g di carboidrati 22 g di proteine 811 mg di sodio

Pesce alla griglia con limone

Tempo di preparazione: 10 minuti
Tempo di cottura : 10 minuti
Porzioni: 4
Livello di difficoltà: difficile

Ingredienti:

- 4 (4 once) filetti di pesce
- Spray da cucina antiaderente
- Da 3 a 4 limoni medi
- 1 cucchiaio di olio extravergine d'oliva
- ¼ di cucchiaino di pepe nero appena macinato
- ¼ di cucchiaino kosher o sale marino

Indicazioni:

Utilizzando carta assorbente, asciugare i filetti e lasciarli riposare a temperatura ambiente per 10 minuti. Nel frattempo, ricopri la griglia di cottura fredda della griglia con uno spray da cucina antiaderente e preriscalda la griglia a 400 ° F, o fuoco medio-alto.

Taglia un limone a metà e mettine da parte metà. Taglia la metà rimanente di quel limone e i limoni rimanenti a fette spesse ¼ di pollice. (Dovresti avere circa 12-16 fette di limone.) In una piccola ciotola, spremi 1 cucchiaio di succo dalla metà del limone riservata.

Aggiungere l'olio nella ciotola con il succo di limone e mescolare bene. Mettere entrambi i lati del pesce con la miscela di olio e cospargere uniformemente di pepe e sale.

Posizionare con cura le fette di limone sulla griglia (o sulla bistecchiera), disponendo da 3 a 4 fette insieme a forma di filetto di pesce e ripetere con le fette rimanenti. Posizionare i filetti di pesce direttamente sopra le fette di limone e grigliare con il coperchio chiuso. (Se stai grigliare sul fornello, copri con un coperchio grande o un foglio di alluminio.) Gira il pesce a metà del tempo di cottura solo se i filetti sono spessi più di mezzo pollice. È cotto quando inizia a separarsi in scaglie se premuto leggermente con una forchetta.

Nutrizione (per 100 g): 147 calorie 5 g di grassi 1 g di carboidrati 22 g di proteine 917 mg di sodio

Cena di pesce in padella durante la settimana

Tempo di preparazione: 10 minuti
Tempo di cottura : 10 minuti
Porzioni: 4
Livello di difficoltà: medio

Ingredienti:

- Spray da cucina antiaderente
- 2 cucchiai di olio extravergine d'oliva
- 1 cucchiaio di aceto balsamico
- 4 (4 once) filetti di pesce (½ pollice di spessore)
- 2½ tazze di fagiolini
- 1 pinta di pomodorini o pomodorini

Indicazioni:

Preriscalda il forno a 400 ° F. Spennella due grandi teglie bordate con uno spray da cucina antiaderente. In una piccola ciotola, unisci l'olio e l'aceto. Mettere da parte. Metti due pezzi di pesce su ogni teglia.

In una grande ciotola, unisci i fagioli e i pomodori. Versare l'olio e l'aceto e mescolare delicatamente per ricoprire. Versare metà del composto di fagiolini sul pesce su una teglia e l'altra metà sul pesce sull'altra. Capovolgere il pesce e strofinarlo nella miscela di olio per ricoprirlo. Adagia le verdure in modo uniforme sulle teglie in modo che l'aria calda possa circolare intorno a loro.

Cuocere fino a quando il pesce è appena opaco. È cotto quando inizia a separarsi in pezzi quando viene punzecchiato delicatamente con una forchetta.

Nutrizione (per 100 g): 193 calorie 8 g di grassi 3 g di carboidrati 23 g di proteine 811 mg di sodio

Croccanti bastoncini di pesce alla polenta

Tempo di preparazione: 10 minuti

Tempo di cottura : 15 minuti

Porzioni: 4

Livello di difficoltà: difficile

Ingredienti:

- 2 uova grandi, leggermente sbattute
- 1 cucchiaio di latte al 2%
- Filetti di pesce pelati da 1 libbra tagliati in 20 strisce (larghe 1 pollice)
- ½ tazza di farina di mais gialla
- ½ tazza di pangrattato panko integrale
- ¼ di cucchiaino di paprika affumicata
- ¼ di cucchiaino kosher o sale marino
- ¼ di cucchiaino di pepe nero appena macinato
- Spray da cucina antiaderente

Indicazioni:

Metti una grande teglia da forno bordata nel forno. Preriscalda il forno a 400 ° F con la teglia dentro. In una grande ciotola, unisci le uova e il latte. Usando una forchetta, aggiungi le strisce di pesce al composto di uova e mescola delicatamente per ricoprire.

Metti la farina di mais, il pangrattato, la paprika affumicata, il sale e il pepe in un sacchetto di plastica con chiusura lampo delle dimensioni di un quarto. Usando una forchetta o una pinza, trasferisci il pesce nella busta, lasciando che l'uovo in eccesso goccioli nella ciotola prima di trasferirlo. Sigilla bene e agita delicatamente per ricoprire completamente ogni bastoncino di pesce.

Con i guanti da forno, rimuovere con cura la teglia calda dal forno e spruzzarla con uno spray da cucina antiaderente. Usando una forchetta o una pinza, rimuovere i bastoncini di pesce dal sacchetto e disporli sulla teglia calda, lasciando uno spazio tra loro in modo che l'aria calda possa circolare e croccarli. Cuocere per 5-8 minuti, finché una leggera pressione con una forchetta non fa sfaldare il pesce e servire.

Nutrizione (per 100 g): 256 calorie 6 g di grassi 2 g di carboidrati 29 g di proteine 667 mg di sodio

Salmone in padella

Tempo di preparazione: 15 minuti

Tempo di cottura : 15 minuti

Porzioni: 4

Livello di difficoltà: medio

Ingredienti:

- 1 cucchiaio di olio extravergine d'oliva
- 2 spicchi d'aglio tritati
- 1 cucchiaino di paprika affumicata
- 1 litro d'uva o pomodorini, tagliati in quarti
- 1 (12 once) peperoni rossi arrostiti in barattolo
- 1 cucchiaio di acqua
- ¼ di cucchiaino di pepe nero appena macinato
- ¼ di cucchiaino kosher o sale marino
- Filetti di salmone da 1 libbra, senza pelle, tagliati in 8 pezzi
- 1 cucchiaio di succo di limone appena spremuto (da ½ limone medio)

Indicazioni:

A fuoco medio, cuocere l'olio in una padella. Mescolare l'aglio e la paprika affumicata e cuocere per 1 minuto, mescolando spesso. Incorporare i pomodori, i peperoni arrostiti, l'acqua, il pepe nero e il sale. Regola il fuoco a medio-alto, fai sobbollire e cuoci per 3 minuti e schiaccia i pomodori fino alla fine del tempo di cottura.

Metti il salmone nella padella e condisci un po 'di salsa sopra. Copri e cuoci per 10-12 minuti (145 ° F usando un termometro per carne) e inizia a sfaldarsi.

Tira fuori la padella dal fuoco e cospargi il succo di limone sopra il pesce. Mescolare la salsa, quindi affettare il salmone a pezzi. Servire.

Nutrizione (per 100 g): 289 calorie 13 g di grassi 2 g di carboidrati 31 g di proteine 581 mg di sodio

Hamburger di tonno e zucchine toscani

Tempo di preparazione: 10 minuti

Tempo di cottura : 30 minuti

Porzioni: 4

Livello di difficoltà: medio

Ingredienti:

- 3 fette di pane integrale da sandwich, tostato
- 2 (5 once) lattine di tonno in olio d'oliva
- 1 tazza di zucchine sminuzzate
- 1 uovo grande, leggermente sbattuto
- ¼ di tazza di peperone rosso tagliato a dadini
- 1 cucchiaio di origano essiccato
- 1 cucchiaino di scorza di limone
- ¼ di cucchiaino di pepe nero appena macinato
- ¼ di cucchiaino kosher o sale marino
- 1 cucchiaio di olio extravergine d'oliva
- Insalata o 4 involtini integrali, per servire (facoltativo)

Indicazioni:

Sbriciola il toast nel pane grattugiato usando le dita (o usa un coltello per tagliarlo a cubetti da ¼ di pollice) fino a ottenere 1 tazza di briciole sciolte. Versa le briciole in una ciotola capiente. Aggiungere il tonno, le zucchine, l'uovo, il peperone, l'origano, la scorza di limone, il pepe nero e il sale. Mescola bene con una forchetta. Dividi il composto in quattro polpette (della dimensione di ½ tazza). Mettere su un piatto e premere ogni tortino fino a raggiungere uno spessore di circa. Di pollice.

A fuoco medio-alto, cuocere l'olio in una padella. Aggiungere le polpette all'olio caldo, quindi abbassare la fiamma a una temperatura media. Cuocere le polpette per 5 minuti, girarle con una spatola e cuocere per altri 5 minuti. Da gustare così com'è o da servire su insalata o involtini integrali.

Nutrizione (per 100 g): 191 calorie 10 g di grassi 2 g di carboidrati 15 g di proteine 661 mg di sodio

Ciotola Siciliana di Cavolo Nero e Tonno

Tempo di preparazione: 15 minuti
Tempo di cottura : 15 minuti
Porzioni: 6
Livello di difficoltà: medio

Ingredienti:

- Cavolo nero da 1 libbra
- 3 cucchiai di olio extravergine d'oliva
- 1 tazza di cipolla tritata
- 3 spicchi d'aglio, tritati
- 1 (2,25 once) può olive a fette, scolate
- ¼ tazza di capperi
- ¼ di cucchiaino di peperone rosso
- 2 cucchiaini di zucchero
- 2 (6 once) lattine di tonno in olio d'oliva
- 1 (15 once) può fagioli cannellini
- ¼ di cucchiaino di pepe nero macinato
- ¼ di cucchiaino kosher o sale marino

Indicazioni:

Fai bollire tre quarti pieni d'acqua in una pentola. Mescolare il cavolo e cuocere per 2 minuti. Filtrare il cavolo nero con uno scolapasta e metterlo da parte.

Rimetti la pentola vuota sul fornello a fuoco medio e aggiungi l'olio. Aggiungere la cipolla e cuocere per 4 minuti, mescolando continuamente. Mettere nell'aglio e cuocere per 1 minuto. Mettere le olive, i capperi e il peperoncino tritato e cuocere per 1 minuto. Infine, aggiungere il cavolo nero parzialmente cotto e lo zucchero, mescolare fino a quando il cavolo è completamente ricoperto di olio. Chiudere la pentola e cuocere per 8 minuti.

Togli il cavolo dal fuoco, aggiungi il tonno, i fagioli, il pepe e il sale e servi.

Nutrizione (per 100 g): 265 calorie 12 g di grassi 7 g di carboidrati 16 g di proteine 715 mg di sodio

Spezzatino di merluzzo mediterraneo

Tempo di preparazione: 10 minuti

Tempo di cottura : 20 minuti

Porzioni: 6

Livello di difficoltà: medio

Ingredienti:

- 2 cucchiai di olio extravergine d'oliva
- 2 tazze di cipolla tritata
- 2 spicchi d'aglio, tritati
- ¾ cucchiaino di paprika affumicata
- 1 (14,5 once) lattina di pomodori a cubetti, non scolati
- 1 (12 once) peperoni rossi arrostiti in barattolo
- 1 tazza di olive a fette, verdi o nere
- 1/3 di tazza di vino rosso secco
- ¼ di cucchiaino di pepe nero appena macinato
- ¼ di cucchiaino kosher o sale marino
- 1 ½ libbra di filetti di merluzzo, tagliati a pezzi da 1 pollice
- 3 tazze di funghi affettati

Indicazioni:

Cuocere l'olio in una pentola. Aggiungere la cipolla e cuocere per 4 minuti, mescolando di tanto in tanto. Incorporare l'aglio e la paprika affumicata e cuocere per 1 minuto, mescolando spesso.

Mescola i pomodori con il loro succo, i peperoni arrostiti, le olive, il vino, il pepe e il sale e regola la fiamma a una temperatura medio-alta. Portare ad ebollizione. Aggiungere il merluzzo e i funghi e abbassare la fiamma a una temperatura media.

Cuocere per circa 10 minuti, mescolare di tanto in tanto, fino a quando il merluzzo è cotto e si sfalda facilmente, quindi servire.

Nutrizione (per 100 g): 220 calorie 8 g di grassi 3 g di carboidrati 28 g di proteine 583 mg di sodio

Cozze al vapore in salsa di vino bianco

Tempo di preparazione: 5 minuti
Tempo di cottura : 10 minuti
Porzioni: 4
Livello di difficoltà: difficile

Ingredienti:

- 2 libbre di cozze piccole
- 1 cucchiaio di olio extravergine d'oliva
- 1 tazza di cipolla rossa affettata sottilmente
- 3 spicchi d'aglio, affettati
- 1 tazza di vino bianco secco
- 2 fette di limone (spesse ¼ di pollice)
- ¼ di cucchiaino di pepe nero appena macinato
- ¼ di cucchiaino kosher o sale marino
- Spicchi di limone fresco, per servire (facoltativo)

Indicazioni:

In un grande scolapasta nel lavandino, fai scorrere dell'acqua fredda sulle cozze (ma non lasciare che le cozze si siedano nell'acqua stagnante). Tutti i gusci dovrebbero essere chiusi ermeticamente; scartare i gusci che sono un po 'aperti o quelli che sono incrinati. Lascia le cozze nello scolapasta finché non sei pronto per usarle.

In una padella capiente, cuocere l'olio. Aggiungere la cipolla e cuocere per 4 minuti, mescolando di tanto in tanto. Mettere l'aglio e cuocere per 1 minuto, mescolando continuamente. Aggiungere il vino, le fette di limone, il pepe e il sale e portare a ebollizione. Cuocere per 2 minuti.

Aggiungere le cozze e coprire. Cuocere fino a quando le cozze apriranno il guscio. Agitare delicatamente la padella due o tre volte durante la cottura.

Tutti i gusci dovrebbero ora essere spalancati. Usando una schiumarola, scartare le cozze ancora chiuse. Versare le cozze aperte in una ciotola da portata bassa e versarvi sopra il brodo. Servire con ulteriori fette di limone fresco, se lo si desidera.

Nutrizione (per 100 g): 222 calorie 7 g di grassi 1 g di carboidrati 18 g di proteine 708 mg di sodio

Gamberetti all'arancia e all'aglio

Tempo di preparazione: 20 minuti

Tempo di cottura : 10 minuti

Porzioni: 6

Livello di difficoltà: difficile

Ingredienti:

- 1 arancia grande
- 3 cucchiai di olio extravergine di oliva, diviso
- 1 cucchiaio di rosmarino fresco tritato
- 1 cucchiaio di timo fresco tritato
- 3 spicchi d'aglio, tritati (circa 1 cucchiaino e mezzo)
- ¼ di cucchiaino di pepe nero appena macinato
- ¼ di cucchiaino kosher o sale marino
- 1 ½ libbra di gamberi crudi freschi, gusci e code rimossi

Indicazioni:

Scorza l'intera arancia con una grattugia per agrumi. Mescolare la scorza d'arancia e 2 cucchiai d'olio con il rosmarino, il timo, l'aglio, il pepe e il sale. Incorporare i gamberi, sigillare la busta e massaggiare delicatamente i gamberi fino a quando tutti gli ingredienti sono combinati e i gamberi sono completamente ricoperti con i condimenti. Mettere da parte.

Riscalda una griglia, una bistecchiera o una padella grande a fuoco medio. Spennella o agita il rimanente 1 cucchiaio di olio.

Aggiungere metà dei gamberetti e cuocere per 4-6 minuti, o fino a quando i gamberi diventano rosa e bianchi, girando a metà se sulla griglia o mescolando ogni minuto se in una padella. Consegna i gamberi in una grande ciotola da portata. Ripeti e mettili nella ciotola.

Mentre i gamberi cuociono, sbucciate l'arancia e tagliate la polpa a pezzetti. Mettere nella ciotola da portata e condire con i gamberi cotti. Servire subito o conservare in frigorifero e servire freddo.

Nutrizione (per 100 g): 190 calorie 8 g di grassi 1 g di carboidrati 24 g di proteine 647 mg di sodio

Gnocchi di Gamberi Arrosto al Forno

Tempo di preparazione: 10 minuti
Tempo di cottura : 20 minuti
Porzioni: 4
Livello di difficoltà: medio

Ingredienti:

- 1 tazza di pomodoro fresco tritato
- 2 cucchiai di olio extravergine d'oliva
- 2 spicchi d'aglio, tritati
- ½ cucchiaino di pepe nero appena macinato
- ¼ di cucchiaino di peperone rosso tritato
- 1 (12 once) peperoni rossi arrostiti in barattolo
- Gambero crudo fresco da 1 libbra, gusci e code rimossi
- Gnocchi congelati da 1 libbra (non scongelati)
- ½ tazza di formaggio feta a cubetti
- 1/3 di tazza di foglie di basilico fresche strappate

Indicazioni:

Preriscalda il forno a 425 ° F. In una teglia, mescolare i pomodori, l'olio, l'aglio, il pepe nero e il peperoncino tritato. Cuocere in forno per 10 minuti.

Incorporare i peperoni arrostiti e i gamberetti. Cuocere per altri 10 minuti, finché i gamberi non diventano rosa e bianchi.

Mentre i gamberi cuociono, cuocere gli gnocchi sul fornello secondo le indicazioni sulla confezione. Scolare in uno scolapasta e tenere al caldo. Togli la pirofila dal forno. Mescolare gli gnocchi cotti, la feta e il basilico e servire.

Nutrizione (per 100 g): 277 calorie 7 g di grassi 1 g di carboidrati 20 g di proteine 711 mg di sodio

Puttanesca di gamberi piccanti

Tempo di preparazione: 5 minuti
Tempo di cottura : 15 minuti
Porzioni: 4
Livello di difficoltà: medio

Ingredienti:

- 2 cucchiai di olio extravergine d'oliva
- 3 filetti di acciuga, scolati e tritati
- 3 spicchi d'aglio, tritati
- ½ cucchiaino di peperone rosso tritato
- 1 (14,5 once) può pomodori a cubetti a basso contenuto di sodio o senza sale aggiunto, non scolati
- 1 (2,25 once) può olive nere
- 2 cucchiai di capperi
- 1 cucchiaio di origano fresco tritato
- Gambero crudo fresco da 1 libbra, gusci e code rimossi

Indicazioni:

A fuoco medio, cuocere l'olio. Mescolare le acciughe, l'aglio e il peperoncino tritato. Cuocere per 3 minuti, mescolando spesso e schiacciando le acciughe con un cucchiaio di legno, fino a quando non si saranno sciolte nell'olio.

Incorporare i pomodori con il loro succo, le olive, i capperi e l'origano. Alza la fiamma a una temperatura medio-alta e porta a ebollizione.

Quando la salsa bolle leggermente, incorporare i gamberetti. Seleziona il calore a medio e cuoci i gamberetti finché non diventano rosa e bianchi, quindi servi.

Nutrizione (per 100 g): 214 calorie 10 g di grassi 2 g di carboidrati 26 g di proteine 591 mg di sodio

Panini Italiani di Tonno

Tempo di preparazione: 10 minuti

Tempo di cottura : 0 minuti

Porzioni: 4

Livello di difficoltà: facile

Ingredienti:

- 3 cucchiai di succo di limone appena spremuto
- 2 cucchiai di olio extravergine d'oliva
- 1 spicchio d'aglio, tritato
- ½ cucchiaino di pepe nero appena macinato
- 2 (5 once) lattine di tonno, scolate
- 1 (2,25 once) può fette di olive
- ½ tazza di finocchio fresco tritato, comprese le fronde
- 8 fette di pane croccante integrale

Indicazioni:

Unisci il succo di limone, l'olio, l'aglio e il pepe. Aggiungere il tonno, le olive e il finocchio. Usando una forchetta, separa il tonno a pezzi e mescola per unire tutti gli ingredienti.

Dividete l'insalata di tonno equamente tra 4 fette di pane. Coprite ciascuna con le rimanenti fette di pane. Lascia riposare i panini per almeno 5 minuti in modo che il ripieno piccante possa assorbire il pane prima di servire.

Nutrizione (per 100 g): 347 calorie 17 g di grassi 5 g di carboidrati 25 g di proteine 447 mg di sodio

Wrap di insalata di salmone all'aneto

Tempo di preparazione: 10 minuti

Tempo di cottura : 10 minuti

Porzioni: 6

Livello di difficoltà: facile

Ingredienti:

- Filetto di salmone da 1 libbra, cotto e in fiocchi
- ½ tazza di carote a dadini
- ½ tazza di sedano a dadini
- 3 cucchiai di aneto fresco tritato
- 3 cucchiai di cipolla rossa a dadini
- 2 cucchiai di capperi
- 1 cucchiaio e mezzo di olio extravergine di oliva
- 1 cucchiaio di aceto balsamico invecchiato
- ½ cucchiaino di pepe nero appena macinato
- ¼ di cucchiaino kosher o sale marino
- 4 piadine integrali o morbide tortillas integrali

Indicazioni:

Unisci il salmone, le carote, il sedano, l'aneto, la cipolla rossa, i capperi, l'olio, l'aceto, il pepe e il sale. Dividete l'insalata di salmone tra le focacce. Piega il fondo della piadina, quindi arrotolala e servi.

Nutrizione (per 100 g): 336 calorie 16 g di grassi 5 g di carboidrati 32 g di proteine 884 mg di sodio

Torta di Vongole Bianche

Tempo di preparazione: 10 minuti

Tempo di cottura : 20 minuti

Porzioni: 4

Livello di difficoltà: difficile

Ingredienti:

- Impasto per pizza fresco refrigerato da 1 libbra
- Spray da cucina antiaderente
- 2 cucchiai di olio extravergine di oliva, diviso
- 2 spicchi d'aglio, tritati (circa 1 cucchiaino)
- ½ cucchiaino di peperone rosso tritato
- 1 (10 once) può vongole intere, scolate
- ¼ di tazza di vino bianco secco
- Farina per tutti gli usi, per spolverare
- 1 tazza di mozzarella a dadini
- 1 cucchiaio di pecorino romano o parmigiano grattugiato
- 1 cucchiaio di prezzemolo fresco a foglia piatta (italiano) tritato

Indicazioni:

Preriscalda il forno a 500 ° F. Spennellare una teglia larga e bordata con uno spray da cucina antiaderente.

In una padella capiente, cuocere 1 cucchiaio e mezzo di olio. Mettere l'aglio e il peperoncino tritato e cuocere per 1 minuto, mescolando spesso per evitare che l'aglio si bruci. Aggiungere il succo di vongole riservato e il vino. Portare a ebollizione a fuoco alto. Ridurre a fuoco medio in modo che la salsa stia sobbollendo e cuocere per 10 minuti, mescolando di tanto in tanto. La salsa si cuocerà e si addenserà.

Mettere le vongole e cuocere per 3 minuti, mescolando di tanto in tanto. Mentre la salsa cuoce, su una superficie leggermente infarinata, formare un cerchio di 12 pollici o un rettangolo di 10 x 12 pollici con un mattarello o allungando con le mani. Posizionare l'impasto sulla teglia preparata. Ungere la pasta con il restante ½ cucchiaio d'olio. Mettere da parte fino a quando la salsa di vongole è pronta.

Distribuire la salsa di vongole sull'impasto preparato entro ½ pollice dal bordo. Completare con la mozzarella, quindi spolverare con il pecorino romano.

Infornate per 10 minuti. Sfornate la pizza e mettetela su un tagliere di legno. Completare con il prezzemolo, tagliare in otto pezzi con un tagliapizza o un coltello affilato e servire.

Nutrizione (per 100 g): 541 calorie 21 g di grassi 1 g di carboidrati 32 g di proteine 688 mg di sodio

Farina Di Pesce Di Fagioli Al Forno

Tempo di preparazione: 10 minuti
Tempo di cottura : 10 minuti
Porzioni: 4
Livello di difficoltà: facile

Ingredienti:

- 1 cucchiaio di aceto balsamico
- 2 ½ tazze di fagiolini
- 1 pinta di pomodorini o pomodorini
- 4 (4 once ciascuno) filetti di pesce, come merluzzo o tilapia
- 2 cucchiai di olio d'oliva

Indicazioni:

Preriscalda il forno a 400 gradi. Ungere due teglie con un po 'di olio d'oliva o olio d'oliva spray. Disporre 2 filetti di pesce su ogni sfoglia. In una terrina versare olio d'oliva e aceto. Unisci per amalgamare bene tra loro.

Mescolare fagiolini e pomodori. Unisci per amalgamare bene tra loro. Combina bene le due miscele tra loro. Aggiungere il composto in modo uniforme sui filetti di pesce. Cuocere per 6-8 minuti, fino a quando il pesce non sarà opaco e facile da sfaldare. Servire caldo.

Nutrizione (per 100 g): 229 calorie 13 g di grassi 8 g di carboidrati 2,5 g di proteine 559 mg di sodio

Spezzatino di merluzzo ai funghi

Tempo di preparazione: 10 minuti

Tempo di cottura : 20 minuti

Porzioni: 6

Livello di difficoltà: facile

Ingredienti:

- 2 cucchiai di olio extravergine d'oliva
- 2 spicchi d'aglio, tritati
- 1 lattina di pomodoro
- 2 tazze di cipolla tritata
- ¾ cucchiaino di paprika affumicata
- un barattolo da 12 once di peperoni rossi arrostiti
- 1/3 di tazza di vino rosso secco
- ¼ di cucchiaino kosher o sale marino
- ¼ di cucchiaino di pepe nero
- 1 tazza di olive nere
- 1 ½ libbra di filetti di merluzzo, tagliati a pezzi da 1 pollice
- 3 tazze di funghi affettati

Indicazioni:

Prendi una pentola medio-grande, scalda l'olio a fuoco medio. Aggiungere le cipolle e cuocere in padella per 4 minuti. Aggiungere l'aglio e la paprika affumicata; cuocere per 1 minuto, mescolando spesso. Aggiungere i pomodori con il succo, i peperoni arrostiti, le olive, il vino, il pepe e il sale; mescolare delicatamente. Bollire la miscela. Aggiungere il baccalà e i funghi; abbassare il fuoco a medio. Chiudere e cuocere fino a quando il merluzzo è facile da sfaldare, mescolare in mezzo. Servire caldo.

Nutrizione (per 100 g): 238 calorie 7 g di grassi 15 g di carboidrati 3,5 g di proteine 772 mg di sodio

Pesce spada speziato

Tempo di preparazione: 10 minuti
Tempo di cottura : 15 minuti
Porzioni: 4
Livello di difficoltà: medio

Ingredienti:

- 4 bistecche di pesce spada (7 once ciascuna)
- 1/2 cucchiaino di pepe nero macinato
- 12 spicchi d'aglio sbucciati
- 3/4 cucchiaino di sale
- 1 1/2 cucchiaino di cumino macinato
- 1 cucchiaino di paprika
- 1 cucchiaino di coriandolo
- 3 cucchiai di succo di limone
- 1/3 di tazza di olio d'oliva

Indicazioni:

Prendi un frullatore o un robot da cucina, apri il coperchio e aggiungi tutti gli ingredienti tranne il pesce spada. Chiudere il coperchio e frullare per ottenere un composto omogeneo. Pat bistecche di pesce secco; ricoprire uniformemente con la miscela di spezie preparata.

Aggiungeteli su un foglio di alluminio, coprite e mettete in frigorifero per 1 ora. Preriscaldare una bistecchiera a fuoco vivace, versare olio e scaldare. Aggiungere le bistecche di pesce; Cuocere in padella per 5-6 minuti per lato fino a quando sono cotti e dorati in modo uniforme. Servire caldo.

Nutrizione (per 100 g): 255 calorie 12 g di grassi 4 g di carboidrati 0,5 g di proteine 990 mg di sodio

Pasta Mania alle Acciughe

Tempo di preparazione: 10 minuti
Tempo di cottura : 20 minuti
Porzioni: 4
Livello di difficoltà: facile

Ingredienti:

- 4 filetti di acciughe, confezionati in olio d'oliva
- ½ libbra di broccoli, tagliati a cimette da 1 pollice
- 2 spicchi d'aglio, affettati
- Penne integrali da 1 libbra
- 2 cucchiai di olio d'oliva
- ¼ di tazza di parmigiano grattugiato
- Sale e pepe nero, quanto basta
- Fiocchi di peperone rosso, quanto basta

Indicazioni:

Cuocere la pasta come indicato sulla confezione; scolateli e metteteli da parte. Prendi una casseruola o padella media, aggiungi l'olio. Scaldare a fuoco medio. Aggiungere le acciughe, i broccoli e l'aglio e cuocere in padella finché le verdure non diventano tenere per 4-5 minuti. Togli il calore; mescolare la pasta. Servire caldo con parmigiano, peperoncino a scaglie, sale e pepe nero spolverato sopra.

Nutrizione (per 100 g): 328 calorie 8 g di grassi 35 g di carboidrati 7 g di proteine 834 mg di sodio

Pasta Di Gamberetti All'aglio

Tempo di preparazione: 10 minuti

Tempo di cottura : 15 minuti

Porzioni: 4

Livello di difficoltà: facile

Ingredienti:

- Gamberetti da 1 libbra, pelati e puliti
- 3 spicchi d'aglio, tritati
- 1 cipolla, tritata finemente
- 1 confezione di pasta integrale o di fagioli a scelta
- 4 cucchiai di olio d'oliva
- Sale e pepe nero, quanto basta
- ¼ tazza di basilico, tagliato a listarelle
- ¾ tazza di brodo di pollo, a basso contenuto di sodio

Indicazioni:

Cuocere la pasta come indicato sulla confezione; risciacquare e mettere da parte. Prendi una casseruola media, aggiungi l'olio e scalda a fuoco medio. Aggiungere la cipolla, l'aglio e cuocere in padella finché non diventano traslucidi e fragranti per 3 minuti.

Aggiungere i gamberi, il pepe nero (macinato) e il sale; Cuocere in padella per 3 minuti fino a quando i gamberetti non saranno opachi. Aggiungere il brodo e cuocere a fuoco lento per altri 2-3 minuti. Aggiungere la pasta nei piatti da portata; aggiungere sopra la miscela di gamberetti; servire caldo con basilico sopra.

Nutrizione (per 100 g): 605 calorie 17 g di grassi 53 g di carboidrati 19 g di proteine 723 mg di sodio

Salmone con Miele e Aceto Balsamico

Tempo di preparazione: 10 minuti

Tempo di cottura : Cinque minuti

Porzioni: 4

Livello di difficoltà: facile

Ingredienti:

- 4 (8 once) filetti di salmone
- 1/2 tazza di aceto balsamico
- 1 cucchiaio di miele
- Pepe nero e sale, quanto basta
- 1 cucchiaio di olio d'oliva

Indicazioni:

Combina miele e aceto. Unisci per amalgamare bene tra loro.

Condire i filetti di pesce con il pepe nero (macinato) e il sale marino; spennellare con glassa al miele. Prendi una casseruola o padella media, aggiungi l'olio. Scaldare a fuoco medio. Aggiungere i filetti di salmone e cuocere in padella fino a quando sono mediamente cotti al centro e leggermente dorati per 3-4 minuti per lato. Servire caldo.

Nutrizione (per 100 g): 481 calorie 16 g di grassi 24 g di carboidrati 1,5 g di proteine 673 mg di sodio

Farina Di Pesce Arancione

Tempo di preparazione: 10 minuti

Tempo di cottura : Cinque minuti

Porzioni: 4

Livello di difficoltà: facile

Ingredienti:

- ¼ di cucchiaino kosher o sale marino
- 1 cucchiaio di olio extravergine d'oliva
- 1 cucchiaio di succo d'arancia
- 4 (4 once) filetti di tilapia, con o senza pelle
- ¼ di tazza di cipolla rossa tritata
- 1 avocado, snocciolato, pelato e affettato

Indicazioni:

Prendi una teglia da 9 pollici; aggiungere olio d'oliva, succo d'arancia e sale. Combina bene. Aggiungere i filetti di pesce e ricoprire bene. Aggiungere le cipolle sui filetti di pesce. Coprite con una pellicola trasparente. Forno a microonde per 3 minuti fino a quando il pesce è ben cotto e facile da sfaldare. Servire caldo con avocado a fette sopra.

Nutrizione (per 100 g): 231 calorie 9 g di grassi 8 g di carboidrati 2,5 g di proteine 536 mg di proteine

Zoodles di gamberetti

Tempo di preparazione: 10 minuti
Tempo di cottura : Cinque minuti
Porzioni: 2
Livello di difficoltà: facile

Ingredienti:

- 2 cucchiai di prezzemolo tritato
- 2 cucchiaini di aglio tritato
- 1 cucchiaino di sale
- ½ cucchiaino di pepe nero
- 2 zucchine medie, a spirale
- Gamberetti medi da 3/4 libbre, pelati e sgusciati
- 1 cucchiaio di olio d'oliva
- 1 limone, spremuto e grattugiato

Indicazioni:

Prendi una casseruola o padella media, aggiungi olio, succo di limone, scorza di limone. Scaldare a fuoco medio. Aggiungere i gamberetti e cuocere in padella 1 minuto per lato. Soffriggi l'aglio e i fiocchi di peperoncino per ancora 1 minuto. Aggiungere gli Zoodles e mescolare delicatamente; cuocere per 3 minuti fino a quando sono cotti a soddisfazione. Condire bene, servire caldo con sopra il prezzemolo.

Nutrizione (per 100 g): 329 calorie 12 g di grassi 11 g di carboidrati 3 g di proteine 734 mg di sodio

Trota agli Asparagi

Tempo di preparazione: 10 minuti

Tempo di cottura : 20 minuti

Porzioni: 4

Livello di difficoltà: facile

Ingredienti:

- 2 libbre di filetti di trota
- 1 libbra di asparagi
- Sale e pepe bianco macinato, quanto basta
- 1 cucchiaio di olio d'oliva
- 1 spicchio d'aglio, tritato finemente
- 1 scalogno, tagliato a fettine sottili (parte verde e bianca)
- 4 patate medio dorate, tagliate a fettine sottili
- 2 pomodori Roma, tritati
- 8 olive kalamata snocciolate, tritate
- 1 carota grande, affettata sottilmente
- 2 cucchiai di prezzemolo essiccato
- ¼ di tazza di cumino macinato
- 2 cucchiai di paprika
- 1 cucchiaio di condimento per brodo vegetale
- ½ bicchiere di vino bianco secco

Indicazioni:

In una terrina aggiungere i filetti di pesce, il pepe bianco e il sale. Unisci per amalgamare bene tra loro. Prendi una casseruola o padella media, aggiungi l'olio. Scaldare a fuoco medio. Aggiungere gli asparagi, le patate, l'aglio, la parte bianca dello scalogno e cuocere in padella finché non si ammorbidiscono per 4-5 minuti. Aggiungere i pomodori, la carota e le olive; Cuocere in padella per 6-7 minuti finché non diventano teneri. Aggiungere il cumino, la paprika, il prezzemolo, il condimento per il brodo e il sale. Mescola bene la miscela.

Mescolare vino bianco e filetti di pesce. A fuoco basso, coprire e cuocere a fuoco lento per circa 6 minuti fino a quando il pesce è facile da sfaldare, mescolare in mezzo. Servire caldo con cipolline verdi in cima.

Nutrizione (per 100 g): 303 calorie 17 g di grassi 37 g di carboidrati 6 g di proteine 722 mg di sodio

Kale Olive Tuna

Tempo di preparazione: 10 minuti
Tempo di cottura : 15 minuti
Porzioni: 6
Livello di difficoltà: medio

Ingredienti:

- 1 tazza di cipolla tritata
- 3 spicchi d'aglio, tritati
- 1 (2,25 once) può olive a fette, scolate
- Cavolo riccio da 1 libbra, tritato
- 3 cucchiai di olio extravergine d'oliva
- ¼ tazza di capperi
- ¼ di cucchiaino di peperone rosso tritato
- 2 cucchiaini di zucchero
- 1 (15 once) può fagioli cannellini
- 2 (6 once) lattine di tonno in olio d'oliva, non scolate
- ¼ di cucchiaino di pepe nero
- ¼ di cucchiaino kosher o sale marino

Indicazioni:

Immergere il cavolo nero in acqua bollente per 2 minuti; scolateli e metteteli da parte. Prendi una pentola o una pentola da brodo medio-grande, scalda l'olio a fuoco medio. Aggiungere la cipolla e cuocere in padella finché non diventa traslucida e ammorbidita. Aggiungere l'aglio e cuocere in padella finché non diventa fragrante per 1 minuto.

Aggiungere le olive, i capperi e il peperoncino e cuocere in padella per 1 minuto. Mescolare il cavolo nero e lo zucchero. A fuoco basso, coprire e cuocere a fuoco lento la miscela per circa 8-10 minuti, mescolare in mezzo. Aggiungere il tonno, i fagioli, il pepe e il sale. Mescolate bene e servite caldo.

Nutrizione (per 100 g): 242 calorie 11 g di grassi 24 g di carboidrati 7 g di proteine 682 mg di sodio

Gamberetti piccanti al rosmarino

Tempo di preparazione: 10 minuti

Tempo di cottura : 10 minuti

Porzioni: 6

Livello di difficoltà: facile

Ingredienti:

- 1 arancia grande, grattugiata e sbucciata
- 3 spicchi d'aglio, tritati
- 1 ½ libbra di gamberi crudi, gusci e code rimossi
- 3 cucchiai di olio d'oliva
- 1 cucchiaio di timo tritato
- 1 cucchiaio di rosmarino tritato
- ¼ di cucchiaino di pepe nero
- ¼ di cucchiaino kosher o sale marino

Indicazioni:

Prendi un sacchetto di plastica con chiusura lampo, aggiungi la scorza d'arancia, i gamberetti, 2 cucchiai di olio d'oliva, l'aglio, il timo, il rosmarino, il sale e il pepe nero. Agitare bene e mettere da parte a marinare per 5 minuti.

Prendi una casseruola media o una padella, aggiungi 1 cucchiaio di olio d'oliva. Scaldare a fuoco medio. Aggiungere i gamberetti e cuocere in padella per 2-3 minuti per lato fino a quando non saranno completamente rosa e opachi. Tagliare l'arancia a spicchi grandi e aggiungerla in un piatto da portata. Aggiungere i gamberetti e unire bene. Servire fresco.

Nutrizione (per 100 g): 187 calorie 7 g di grassi 6 g di carboidrati 0,5 g di proteine 673 mg di sodio

Salmone agli asparagi

Tempo di preparazione: 10 minuti

Tempo di cottura : 15 minuti

Porzioni: 2

Livello di difficoltà: facile

Ingredienti:

- 8,8 once di asparagi a grappolo
- 2 piccoli filetti di salmone
- 1 ½ cucchiaino di sale
- 1 cucchiaino di pepe nero
- 1 cucchiaio di olio d'oliva
- 1 tazza di salsa olandese, a basso contenuto di carboidrati

Indicazioni:

Condire bene i filetti di salmone. Prendi una casseruola o padella media, aggiungi l'olio. Scaldare a fuoco medio.

Aggiungere i filetti di salmone e cuocere in padella fino a quando saranno ben scottati e ben cotti per 4-5 minuti per lato.

Aggiungere gli asparagi e mescolare cuocere per altri 4-5 minuti. Servire caldo con salsa olandese sopra.

Nutrizione (per 100 g): 565 calorie 7 g di grassi 8 g di carboidrati 2,5 g di proteine 559 mg di sodio

Insalata di nocciole al tonno

Tempo di preparazione: 10 minuti

Tempo di cottura : 0 minuti

Porzioni: 4

Livello di difficoltà: facile

Ingredienti:

- 1 cucchiaio di dragoncello tritato
- 1 gambo di sedano, mondato e tagliato a dadini
- 1 scalogno medio, tagliato a dadini
- 3 cucchiai di erba cipollina tritata
- 1 (5 once) può tonno (coperto di olio d'oliva) sgocciolato e in fiocchi
- 1 cucchiaino di senape di Digione
- 2-3 cucchiai di maionese
- 1/4 cucchiaino di sale
- 1/8 cucchiaino di pepe
- 1/4 tazza di pinoli, tostati

Indicazioni:

In una grande insalatiera, aggiungi il tonno, lo scalogno, l'erba cipollina, il dragoncello e il sedano. Unisci per amalgamare bene tra loro. In una terrina, aggiungi la maionese, la senape, il sale e il pepe nero. Unisci per amalgamare bene tra loro. Aggiungere la miscela di maionese nell'insalatiera; mescolare bene per unire. Aggiungere i pinoli e mescolare di nuovo. Servire fresco.

Nutrizione (per 100 g): 236 calorie 14 g di grassi 4 g di carboidrati 1 g di proteine 593 mg di sodio

Zuppa cremosa di gamberetti

Tempo di preparazione: 10 minuti

Tempo di cottura : 35 minuti

Porzioni: 6

Livello di difficoltà: medio

Ingredienti:

- Gamberetti medi da 1 libbra, pelati e sgusciati
- 1 porro, sia bianco che verde chiaro, affettato
- 1 finocchio medio, tritato
- 2 cucchiai di olio d'oliva
- 3 gambi di sedano, tritati
- 1 spicchio d'aglio, tritato
- Sale marino e pepe macinato a piacere
- 4 tazze di brodo vegetale o di pollo
- 1 cucchiaio di semi di finocchio
- 2 cucchiai di panna leggera
- Succo di 1 limone

Indicazioni:

Prendi una pentola medio-grande o un forno olandese, scalda l'olio a fuoco medio. Aggiungere il sedano, il porro e il finocchio e cuocere in padella per circa 15 minuti, finché le verdure non saranno ammorbidite e dorate. Aggiungi l'aglio; condire con pepe nero e sale marino a piacere. Aggiungere i semi di finocchio e mescolare.

Versare il brodo e portare a ebollizione. A fuoco basso, fai sobbollire la miscela per circa 20 minuti, mescola tra di loro. Aggiungere i gamberi e cuocere fino a quando diventano rosa per 3 minuti. Mescolare la panna e il succo di limone; servire caldo.

Nutrizione (per 100 g): 174 calorie 5 g di grassi 9,5 g di carboidrati 2 g di proteine 539 mg di sodio

Salmone Speziato Con Quinoa Vegetale

Tempo di preparazione: 30 minuti
Tempo di cottura : 10 minuti
Porzioni: 4
Livello di difficoltà: difficile

Ingredienti:

- 1 tazza di quinoa cruda
- 1 cucchiaino di sale, diviso a metà
- ¾ tazza di cetrioli, privati dei semi, tagliati a cubetti
- 1 tazza di pomodorini, tagliati a metà
- ¼ di tazza di cipolla rossa, tritata
- 4 foglie di basilico fresco, tagliate a fettine sottili
- La scorza di un limone
- ¼ di cucchiaino di pepe nero
- 1 cucchiaino di cumino
- ½ cucchiaino di paprika
- 4 (5 once) filetti di salmone
- 8 spicchi di limone
- ¼ di tazza di prezzemolo fresco tritato

Indicazioni:

In una casseruola di medie dimensioni, aggiungi la quinoa, 2 tazze di acqua e ½ cucchiaino di sale. Riscaldali finché l'acqua non bolle, quindi abbassa la temperatura finché non bolle. Copri la padella e lasciala cuocere per 20 minuti o finché la confezione di quinoa lo richiede. Spegnere il fuoco sotto la quinoa e lasciarla riposare, coperta, per almeno altri 5 minuti prima di servire.

Subito prima di servire, aggiungi la cipolla, i pomodori, i cetrioli, le foglie di basilico e la scorza di limone alla quinoa e usa un cucchiaio per mescolare delicatamente il tutto. Nel frattempo (mentre la quinoa cuoce) preparate il salmone. Accendi la griglia del forno al massimo e assicurati che una griglia sia nella parte inferiore del forno. In una piccola ciotola, aggiungere i seguenti componenti: pepe nero, ½ cucchiaino di sale, cumino e paprika. Mescolali insieme.

Metti un foglio di alluminio sopra una teglia di vetro o alluminio, quindi spruzzalo con uno spray da cucina antiaderente. Metti i filetti di salmone sulla pellicola. Strofinare la miscela di spezie su ogni filetto (circa ½ cucchiaini di miscela di spezie per filetto). Aggiungere gli spicchi di limone sui bordi della padella vicino al salmone.

Cuoci il salmone sotto la griglia per 8-10 minuti. Il tuo obiettivo è che il salmone si sfaldi facilmente con una forchetta. Cospargere il salmone con il prezzemolo, quindi servire con gli spicchi di limone e il prezzemolo vegetale. Godere!

Nutrizione (per 100 g): 385 calorie 12,5 g di grassi 32,5 g di carboidrati 35,5 g di proteine 679 mg di sodio

Trota Senape Con Mele

Tempo di preparazione: 15 minuti

Tempo di cottura : 55 minuti

Porzioni: 2

Livello di difficoltà: difficile

Ingredienti:

- 1 cucchiaio di olio d'oliva
- 1 scalogno piccolo, tritato
- 2 mele Lady, dimezzate
- 4 filetti di trota, 3 once ciascuno
- 1 cucchiaio e mezzo di pangrattato, normale e fine
- 1/2 cucchiaino di timo, fresco e tritato
- 1/2 cucchiaio di burro, sciolto e non salato
- 1/2 tazza di sidro di mele
- 1 cucchiaino di zucchero di canna chiaro
- 1/2 cucchiaio di senape di Digione
- 1/2 cucchiaio di capperi, sciacquati
- Sale marino e pepe nero qb

Indicazioni:

Preparate il forno a 375 gradi, quindi tirate fuori una piccola ciotola. Unire il pangrattato, lo scalogno e il timo prima di condire con sale e pepe.

Aggiungere il burro e mescolare bene.

Mettere le mele con il lato tagliato verso l'alto in una pirofila, quindi cospargere di zucchero. Guarnisci con il pangrattato e poi versa metà del tuo sidro intorno alle mele, coprendo il piatto. Infornate per mezz'ora.

Scopri e inforna per altri venti minuti. Le mele dovrebbero essere tenere ma le tue briciole dovrebbero essere croccanti. Togli le mele dal forno.

Accendi la griglia, quindi metti la griglia a quattro pollici di distanza. Accarezza la trota, quindi condisci con sale e pepe. Spennella il tuo olio su una teglia e poi metti le trote con la pelle rivolta verso l'alto. Spennella l'olio rimanente sulla pelle e cuoci alla griglia per sei minuti. Ripeti le mele sullo scaffale proprio sotto la trota. In questo modo eviterai che le briciole si brucino e ci vorranno solo due minuti per riscaldarle.

Prendi una casseruola e sbatti insieme il sidro, i capperi e la senape rimanenti. Aggiungere altro sidro se necessario, per diluire e cuocere per cinque minuti a fuoco medio-alto. Dovrebbe avere una salsa simile alla consistenza. Versare il sugo sul pesce e servire con una mela su ogni piatto.

Nutrizione (per 100 g): 366 calorie 13 g di grassi 10 g di carboidrati 31 g di proteine 559 mg di sodio

Gnocchi con Gamberetti

Tempo di preparazione: 5 minuti
Tempo di cottura : 15 minuti
Porzioni: 4
Livello di difficoltà: difficile

Ingredienti:

- 1/2 libbra di gamberetti, pelati e affinati
- 1/4 di tazza di scalogni, affettati
- 1/2 cucchiaio + 1 cucchiaino di olio d'oliva
- 8 once di gnocchi da ripiano
- 1/2 mazzetto di asparagi, tagliati in terzi
- 3 cucchiai di parmigiano
- 1 cucchiaio di succo di limone, fresco
- 1/3 di tazza di brodo di pollo
- Sale marino e pepe nero qb

Indicazioni:

Inizia scaldando mezzo cucchiaio di olio a fuoco medio, quindi aggiungi gli gnocchi. Cuocere mescolando spesso finché non diventano paffute e dorate. Questo richiederà da sette a dieci minuti. Mettili in una ciotola.

Riscalda il cucchiaino d'olio rimasto con gli scalogni, cuocendo finché non iniziano a dorarsi. Assicurati di mescolare, ma ci vorranno due minuti. Mescola il brodo prima di aggiungere gli asparagi. Copri e cuoci per tre o quattro minuti.

Aggiungere i gamberi, condendo con sale e pepe. Cuocere fino a quando non saranno rosa e ben cotte, il che richiederà circa quattro minuti.

Rimettere gli gnocchi nella padella con il succo di limone, cuocendo per altri due minuti. Mescola bene e poi toglilo dal fuoco.

Cospargete di parmigiano e lasciate riposare per due minuti. Il tuo formaggio dovrebbe sciogliersi. Servire caldo.

Nutrizione (per 100 g): 342 calorie 11 g di grassi 9 g di carboidrati 38 g di proteine 711 mg di sodio

Gamberetti Saganaki

Tempo di preparazione: 15 minuti

Tempo di cottura : 30 minuti

Porzioni: 2

Livello di difficoltà: medio

Ingredienti:

- 1/2 libbra di gamberetti con conchiglie
- 1 cipolla piccola, tritata
- 1/2 bicchiere di vino bianco
- 1 cucchiaio di prezzemolo, fresco e tritato
- 8 once di pomodori, in scatola e tagliati a dadini
- 3 cucchiai di olio d'oliva
- 4 once di formaggio feta
- Sale a cubetti
- Un pizzico di pepe nero
- 14 cucchiaini di aglio in polvere

Indicazioni:

Prendi una casseruola e poi versa circa due pollici di acqua, portandola a ebollizione. Far bollire per cinque minuti, quindi scolare ma riservare il liquido. Metti da parte sia i gamberi che il liquido.

Successivamente scalda due cucchiai di olio e, una volta riscaldato, aggiungi le cipolle. Cuocere fino a quando le cipolle saranno traslucide. Mescolare prezzemolo, aglio, vino, olio d'oliva e pomodori. Cuocere a fuoco lento per mezz'ora e mescolare finché non si sarà addensato.

Eliminate le cosce dei gamberi, staccando i gusci, la testa e la coda. Aggiungere i gamberi e il brodo di gamberetti nella salsa una volta che si è addensata. Portalo a ebollizione per cinque minuti, quindi aggiungi il formaggio feta. Lasciate riposare fino a quando il formaggio inizia a sciogliersi, quindi servite caldo.

Nutrizione (per 100 g): 329 calorie 14 g di grassi 10 g di carboidrati 31 g di proteine 449 mg di sodio

Salmone Mediterraneo

Tempo di preparazione: 10 minuti

Tempo di cottura : 20 minuti

Porzioni: 2

Livello di difficoltà: facile

Ingredienti:

- 2 filetti di salmone, senza pelle e 6 once ciascuno
- 1 tazza di pomodorini
- 1 cucchiaio di capperi
- 1/4 di tazza di zucchine, tritate finemente
- 1/8 cucchiaino di pepe nero
- 1/8 cucchiaino di sale marino, fine
- 1/2 cucchiaio di olio d'oliva
- 1,25 once di olive mature, affettate

Indicazioni:

Prepara il forno a 425 gradi, quindi cospargi di sale e pepe sul pesce su entrambi i lati. Metti il pesce in un unico strato sulla teglia dopo aver rivestito la teglia con uno spray da cucina.

Unire i pomodori e gli ingredienti rimanenti, versando il composto sui filetti, quindi infornare per ventidue minuti. Servire caldo.

Nutrizione (per 100 g): 322 calorie 10 g di grassi 15 g di carboidrati 31 g di proteine 493 mg di sodio

Linguine ai frutti di mare

Tempo di preparazione: 10 minuti

Tempo di cottura : 35 minuti

Porzioni: 2

Livello di difficoltà: difficile

Ingredienti:

- 2 spicchi d'aglio, tritati
- 4 Once di Linguine, Integrali
- 1 cucchiaio di olio d'oliva
- 14 once di pomodori, in scatola e tagliati a dadini
- 1/2 cucchiaio di scalogno, tritato
- 1/4 di tazza di vino bianco
- Sale marino e pepe nero qb
- 6 vongole Cherrystone, pulite
- 4 once di tilapia, tagliata a strisce da 1 pollice
- 4 once di capesante di mare secche
- 1/8 di tazza di parmigiano, grattugiato
- 1/2 cucchiaino di maggiorana, tritata e fresca

Indicazioni:

Bollire l'acqua nella pentola, quindi cuocere la pasta finché sono teneri, il che dovrebbe impiegare circa otto minuti. Scolare e poi sciacquare la pasta.

Riscalda l'olio usando una padella grande a fuoco medio, quindi una volta che l'olio è caldo aggiungi aglio e scalogno. Cuocere per un minuto e mescolare spesso.

Aumenta la fiamma a una temperatura medio-alta prima di aggiungere sale, vino, pepe e pomodori, portando a ebollizione. Cuocere ancora per un minuto.

Aggiungere poi le vongole, coprendo e cuocendo per altri due minuti.

Aggiungere poi la maggiorana, le capesante e il pesce. Continua a cuocere fino a quando il pesce è completamente cotto e le vongole si sono aperte, ci vorranno fino a cinque minuti ed elimina tutte le vongole che non si aprono.

Versate il sugo e le vostre vongole sulla pasta, cospargendo di parmigiano e maggiorana prima di servire. Servire caldo.

Nutrizione (per 100 g): 329 calorie 12 g di grassi 10 g di carboidrati 33 g di proteine 836 mg di sodio

Gamberetti allo zenzero e salsa di pomodoro

Tempo di preparazione: 10 minuti

Tempo di cottura : 15 minuti

Porzioni: 2

Livello di difficoltà: difficile

Ingredienti:

- 1 cucchiaio e mezzo di olio vegetale
- 1 spicchio d'aglio, tritato
- 10 gamberetti, extra grandi, sbucciati e code lasciate
- 3/4 cucchiai di dito, grattugiato e sbucciato
- 1 pomodoro verde, tagliato a metà
- 2 pomodori prugna, tagliati a metà
- 1 cucchiaio di succo di lime, fresco
- 1/2 cucchiaino di zucchero
- 1/2 cucchiaio di jalapeño con semi, fresco e macinato
- 1/2 cucchiaio di basilico, fresco e tritato
- 1/2 cucchiai di coriandolo, tritato e fresco
- 10 spiedini
- Sale marino e pepe nero qb

Indicazioni:

Immergi gli spiedini in una pentola d'acqua per almeno mezz'ora.

Mescola l'aglio e lo zenzero in una ciotola, trasferendone metà in una ciotola più grande e mescolando con due cucchiai del tuo olio. Aggiungi i gamberi e assicurati che siano ben ricoperti.

Coprite e trasferite in frigo per almeno mezz'ora, quindi lasciate raffreddare.

Riscalda la griglia al massimo e ungi leggermente le griglie con olio. Prendi una ciotola e condisci la prugna ei pomodori verdi con il restante cucchiaio di olio, condendo con sale e pepe.

Griglia i pomodori con la parte tagliata verso l'alto e le bucce dovrebbero essere carbonizzate. La polpa del tuo pomodoro dovrebbe essere tenera, il che richiederà dai quattro ai sei minuti per il pomodoro prugna e una decina di minuti per il pomodoro verde.

Rimuovere la buccia una volta che i pomodori sono abbastanza freddi da poter essere maneggiati, quindi eliminare i semi. Tritare finemente la polpa dei pomodori, aggiungendola allo zenzero e all'aglio riservati. Aggiungi lo zucchero, il jalapeño, il succo di lime e il basilico.

Condisci i gamberi con sale e pepe infilandoli negli spiedini, quindi grigliali finché non diventano opachi, ovvero circa due minuti per lato. Metti i gamberi su un vassoio con il tuo gusto e divertiti.

Nutrizione (per 100 g): 391 calorie 13 g di grassi 11 g di carboidrati 34 g di proteine 693 mg di sodio

Pasta ai gamberetti

Tempo di preparazione: 10 minuti

Tempo di cottura : 10 minuti

Porzioni: 2

Livello di difficoltà: medio

Ingredienti:

- 2 tazze di pasta per capelli d'angelo, cotta
- 1/2 libbra Gamberetti medi, pelati
- 1 spicchio d'aglio, tritato
- 1 tazza di pomodoro, tritato
- 1 cucchiaino di olio d'oliva
- 1/6 di tazza di olive Kalamata, snocciolate e tritate
- 1/8 di tazza di basilico, fresco e affettato sottile
- 1 cucchiaio di capperi, scolati
- 1/8 di tazza di formaggio feta, sbriciolato
- Un pizzico di pepe nero

Indicazioni:

Cuocere la pasta seguendo le istruzioni sulla confezione, quindi scaldare l'olio d'oliva in una padella a fuoco medio-alto. Cuoci l'aglio per mezzo minuto e poi aggiungi i gamberetti. Soffriggi ancora per un minuto.

Aggiungi il basilico e il pomodoro, quindi abbassa la fiamma per lasciar cuocere a fuoco lento per tre minuti. Il tuo pomodoro dovrebbe essere tenero.

Incorporate le olive e i capperi. Aggiungi un pizzico di pepe nero e unisci il mix di gamberetti e la pasta per servire. Completare con il formaggio prima di servire caldo.

Nutrizione (per 100 g): 357 calorie 11 g di grassi 9 g di carboidrati 30 g di proteine 871 mg di sodio

Merluzzo alla mediterranea

Tempo di preparazione: 10 minuti

Tempo di cottura : 25 minuti

Porzioni: 2

Livello di difficoltà: medio

Ingredienti:

- 2 filetti di merluzzo, 6 once
- Sale marino e pepe nero qb
- 1/4 di tazza di vino bianco secco
- 1/4 di tazza di brodo di pesce
- 2 spicchi d'aglio, tritati
- 1 foglia di alloro
- 1/2 cucchiaino di salvia, fresca e tritata
- 2 rametti di rosmarino per guarnire

Indicazioni:

Inizia portando il forno a 375, quindi condisci i filetti con sale e pepe. Mettetele in una teglia e aggiungete il brodo, l'aglio, il vino, la salvia e la foglia di alloro. Coprite bene e infornate per venti minuti. Il tuo pesce dovrebbe essere friabile se testato con una forchetta.

Con una spatola togliete ogni filetto, ponete il liquido a fuoco vivace e fate ridurre a metà. Questo dovrebbe richiedere dieci minuti e devi mescolare frequentemente. Servire sgocciolato nel liquido bollente e guarnito con un rametto di rosmarino.

Nutrizione (per 100 g): 361 calorie 10 g di grassi 9 g di carboidrati 34 g di proteine 783 mg di sodio

Cozze al vino bianco

Tempo di preparazione: 5 minuti
Tempo di cottura : 10 minuti
Porzioni: 2
Livello di difficoltà: difficile

Ingredienti:

- 2 libbre Cozze vive, fresche
- 1 bicchiere di vino bianco secco
- 1/4 cucchiaino di sale marino, fine
- 3 spicchi d'aglio, tritati
- 2 cucchiaini di scalogno, a dadini
- 1/4 di tazza di prezzemolo, fresco e tritato, diviso
- 2 cucchiai di olio d'oliva
- 1/4 di limone, spremuto

Indicazioni:

Prendi uno scolapasta e strofina le cozze, sciacquandole con acqua fredda. Scartare le cozze che non si chiuderanno se vengono picchiettate, quindi utilizzare un coltello da cucina per rimuovere la barba da ognuna.

Tira fuori la pentola, mettila a fuoco medio-alto e aggiungi l'aglio, lo scalogno, il vino e il prezzemolo. Portalo a ebollizione. Quando è a fuoco lento, aggiungi le cozze e copri. Lasciali cuocere a fuoco lento per cinque o sette minuti. Assicurati che non si cuociano troppo.

Usa un mestolo forato per rimuoverli e aggiungi il succo di limone e l'olio d'oliva nella pentola. Mescola bene e versa il brodo sulle cozze prima di servire con il prezzemolo.

Nutrizione (per 100 g): 345 calorie 9 g di grassi 18 g di carboidrati 37 g di proteine 693 mg di sodio

Salmone Dilly

Tempo di preparazione: 10 minuti

Tempo di cottura : 15 minuti

Porzioni: 2

Livello di difficoltà: medio

Ingredienti:

- 2 filetti di salmone, 6 once ciascuno
- 1 cucchiaio di olio d'oliva
- 1/2 mandarino, spremuto
- 2 cucchiaini di scorza d'arancia
- 2 cucchiai di aneto, fresco e tritato
- Sale marino e pepe nero qb

Indicazioni:

Preparare il forno a 375 gradi, quindi estrarre due pezzi di carta stagnola da dieci pollici. Strofina i tuoi filetti con olio d'oliva su entrambi i lati prima di condire con sale e pepe, mettendo ogni filetto in un foglio di carta stagnola.

Versa il succo d'arancia su ciascuno di essi, quindi aggiungi la scorza d'arancia e l'aneto. Piega il pacchetto chiuso, assicurandoti che abbia uno spazio d'aria di due pollici all'interno della pellicola in modo che il pesce possa cuocere a vapore, quindi posizionalo su una teglia.

Infornate per un quarto d'ora prima di aprire le confezioni e trasferite su due piatti da portata. Versare la salsa sopra ciascuna prima di servire.

Nutrizione (per 100 g): 366 calorie 14 g di grassi 9 g di carboidrati 36 g di proteine 689 mg di sodio

Salmone alla mediterranea

Tempo di preparazione: 8 minuti

Tempo di cottura : 8 minuti

Porzioni: 2

Livello di difficoltà: facile

Ingredienti:

- Salmone, 6 once di filetto
- Limone, 2 fette
- Capperi, 1 cucchiaio
- Sale marino e pepe, 1/8 cucchiaino
- Olio extravergine di oliva, 1 cucchiaio

Indicazioni:

Metti una padella pulita a fuoco medio per preparare per 3 minuti. Mettere l'olio d'oliva su un piatto e ricoprire completamente il salmone. Cuoci il salmone a fuoco vivo nella padella.

Completare il salmone con il resto degli ingredienti e girare per cuocere ogni lato. Nota quando entrambi i lati sono marroni. Potrebbero essere necessari 3-5 minuti per lato. Assicurati che il salmone sia cotto provandolo con una forchetta.

Servire con fettine di limone.

Nutrizione (per 100 g): 371 calorie 25,1 g di grassi 0,9 g di carboidrati 33,7 g di proteine 782 mg di sodio

Tonno Melody

Tempo di preparazione: 20 minuti

Tempo di cottura : 20 minuti

Porzioni: 2

Livello di difficoltà: facile

Ingredienti:

- Tonno, 12 once
- Cipolle verdi, 1 per guarnire
- Peperone, ¼, tritato
- Aceto, 1 spruzzata
- Sale e pepe a piacere
- Avocado, 1, tagliato a metà e snocciolato
- Yogurt greco, 2 cucchiai

Indicazioni:

Mescolare il tonno con l'aceto, la cipolla, lo yogurt, l'avocado e il pepe in una ciotola.

Aggiungere i condimenti, mescolare e servire con il contorno di cipolla verde.

Nutrizione (per 100 g): 294 calorie 19 g di grassi 10 g di carboidrati 12 g di proteine 836 mg di sodio

Bistecche deliziose

Tempo di preparazione: 10 minuti

Tempo di cottura : 20 minuti

Porzioni: 2

Livello di difficoltà: facile

Ingredienti:

- Olio d'oliva, 1 cucchiaino
- Bistecca di halibut, 8 once
- Aglio, ½ cucchiaino, tritato
- Burro, 1 cucchiaio
- Sale e pepe a piacere

Indicazioni:

Riscaldare una padella e aggiungere l'olio. A fuoco medio rosolare le bistecche in una padella, sciogliere il burro con l'aglio, sale e pepe. Aggiungere le bistecche, mescolare per ricoprire e servire.

Nutrizione (per 100 g): 284 calorie 17 g di grassi 0,2 g di carboidrati 8 g di proteine 755 mg di sodio

Salmone alle erbe

Tempo di preparazione: 8 minuti

Tempo di cottura : 18 minuti

Porzioni: 2

Livello di difficoltà: facile

Ingredienti:

- Salmone, 2 filetti senza pelle
- Sale grosso qb
- Olio extravergine di oliva, 1 cucchiaio
- Limone, 1, a fette
- Rosmarino fresco, 4 rametti

Indicazioni:

Preriscalda il forno a 400F. Metti un foglio di alluminio in una teglia e adagia sopra il salmone. Completare il salmone con il resto degli ingredienti e infornare per 20 minuti. Servite subito con fettine di limone.

Nutrizione (per 100 g): 257 calorie 18 g di grassi 2,7 g di carboidrati 7 g di proteine 836 mg di sodio

Tonno Glassato Affumicato

Tempo di preparazione: 35 minuti

Tempo di cottura : 10 minuti

Porzioni: 2

Livello di difficoltà: facile

Ingredienti:

- Tonno, 4 once di bistecche
- Succo d'arancia, 1 cucchiaio
- Aglio tritato, ½ spicchio
- Succo di limone, ½ cucchiaino
- Prezzemolo fresco, 1 cucchiaio, tritato
- Salsa di soia, 1 cucchiaio
- Olio extravergine di oliva, 1 cucchiaio
- Pepe nero macinato, ¼ cucchiaino
- Origano, ¼ cucchiaino

Indicazioni:

Scegli una pirofila e aggiungi tutti gli ingredienti, tranne il tonno. Mescolare bene, quindi aggiungere il tonno alla marinata. Mettete in frigo questa miscela per mezz'ora. Riscaldare una bistecchiera e cuocere il tonno su ogni lato per 5 minuti. Servire a cottura ultimata.

Nutrizione (per 100 g): 200 calorie 7,9 g di grassi 0,3 g di carboidrati 10 g di proteine 734 mg di sodio

Halibut croccante

Tempo di preparazione: 20 minuti
Tempo di cottura : 15 minuti
Porzioni: 2
Livello di difficoltà: facile

Ingredienti:

- Prezzemolo in cima
- Aneto fresco, 2 cucchiai, tritato
- Erba cipollina fresca, 2 cucchiai, tritata
- Olio d'oliva, 1 cucchiaio
- Sale e pepe a piacere
- Halibut, filetti, 6 once
- Scorza di limone, ½ cucchiaino, grattugiato finemente
- Yogurt greco, 2 cucchiai

Indicazioni:

Preriscalda il forno a 400F. Foderare una teglia con un foglio di alluminio. Aggiungere tutti gli ingredienti in un piatto largo e marinare i filetti. Sciacquare e asciugare i filetti; quindi aggiungete al forno e infornate per 15 minuti.

Nutrizione (per 100 g): 273 calorie 7,2 g di grassi 0,4 g di carboidrati 9 g di proteine 783 mg di sodio

Tonno facile e squisito

Tempo di preparazione: 15 minuti

Tempo di cottura : 10 minuti

Porzioni: 2

Livello di difficoltà: facile

Ingredienti:

- Uovo, ½
- Cipolla, 1 cucchiaio, tritata finemente
- Sedano in cima
- Sale e pepe a piacere
- Aglio, 1 spicchio, tritato
- Tonno in scatola, 7 once
- Yogurt greco, 2 cucchiai

Indicazioni:

Scolare il tonno, aggiungere l'uovo e lo yogurt con l'aglio, sale e pepe.

In una ciotola, unisci questo composto alle cipolle e forma delle polpette. Prendi una padella grande e rosola le polpette per 3 minuti per lato. Scolare e servire.

Nutrizione (per 100 g): 230 calorie 13 g di grassi 0,8 g di carboidrati 10 g di proteine 866 mg di sodio

Cozze O 'Marina

Tempo di preparazione: 20 minuti
Tempo di cottura : 10 minuti
Porzioni: 2
Livello di difficoltà: facile

Ingredienti:

- Cozze, lavate e sbucciate, 1 libbra
- Latte di cocco, ½ tazza
- Pepe di Caienna, 1 cucchiaino
- Succo di limone fresco, 1 cucchiaio
- Aglio, 1 cucchiaino, tritato
- Coriandolo, tritato fresco per guarnire
- Zucchero di canna, 1 cucchiaino

Indicazioni:

Mescolare tutti gli ingredienti, tranne le cozze in una pentola. Riscaldare il composto e portarlo a ebollizione. Aggiungere le cozze e cuocere per 10 minuti. Servire in un piatto con il liquido bollito.

Nutrizione (per 100 g): 483 calorie 24,4 g di grassi 21,6 g di carboidrati 1,2 g di proteine 499 mg di sodio

Arrosto di manzo mediterraneo a cottura lenta

Tempo di preparazione: 10 minuti
Tempo di cottura : 10 ore e 10 minuti
Porzioni: 6
Livello di difficoltà: medio

Ingredienti:

- 3 libbre di Chuck arrosto, disossato
- 2 cucchiaini di rosmarino
- ½ tazza di pomodori, essiccati al sole e tritati
- 10 spicchi d'aglio grattugiato
- ½ tazza di brodo di manzo
- 2 cucchiai di aceto balsamico
- ¼ di tazza di prezzemolo italiano tritato, fresco
- ¼ di tazza di olive tritate
- 1 cucchiaino di scorza di limone
- ¼ di tazza di grana di formaggio

Indicazioni:

Nella pentola a cottura lenta, mettere l'aglio, i pomodori secchi e l'arrosto di manzo. Aggiungere il brodo di manzo e il rosmarino. Chiudere la pentola e cuocere lentamente per 10 ore.

Al termine della cottura, rimuovere la carne e sminuzzare la carne. Elimina il grasso. Aggiungere nuovamente la carne sminuzzata nella pentola a cottura lenta e cuocere a fuoco lento per 10 minuti. In una piccola ciotola unire la scorza di limone, il prezzemolo e le olive. Raffredda il composto finché non sei pronto per servire. Guarnire usando la miscela refrigerata.

Servitela su pasta o pasta all'uovo. Completalo con semola di formaggio.

Nutrizione (per 100 g): 314 calorie 19 g di grassi 1 g di carboidrati 32 g di proteine 778 mg di sodio

Manzo Mediterraneo a Cottura Lenta con Carciofi

Tempo di preparazione : 3 ore e 20 minuti

Tempo di cottura : 7 ore e 8 minuti

Porzioni: 6

Livello di difficoltà: facile

Ingredienti:

- 2 libbre di manzo per stufato
- 14 once di cuori di carciofo
- 1 cucchiaio di olio di semi d'uva
- 1 cipolla a dadini
- 32 once di brodo di manzo
- 4 spicchi d'aglio, grattugiati
- 14 ½ once Pomodori in scatola, a dadini
- 15 once di salsa di pomodoro
- 1 cucchiaino di origano essiccato
- ½ tazza di olive snocciolate e tritate
- 1 cucchiaino di prezzemolo essiccato
- 1 cucchiaino di origano essiccato
- ½ cucchiaino Cumino macinato
- 1 cucchiaino di basilico essiccato
- 1 foglia di alloro
- ½ cucchiaino di sale

Indicazioni:

In un'ampia padella antiaderente versare un filo d'olio e portare a fuoco medio-alto. Arrostire la carne finché non diventa marrone su entrambi i lati. Trasferisci la carne in una pentola a cottura lenta.

Aggiungere il brodo di carne, i pomodori a cubetti, la salsa di pomodoro, il sale e unire. Versare il brodo di carne, i pomodori a cubetti, l'origano, le olive, il basilico, il prezzemolo, la foglia di alloro e il cumino. Unisci la miscela accuratamente.

Chiudere e cuocere a fuoco lento per 7 ore. Eliminare la foglia di alloro al momento di servire. Servire caldo.

Nutrizione (per 100 g): 416 calorie 5 g di grassi 14,1 g di carboidrati 29,9 g di proteine 811 mg di sodio

Arrosto in stile mediterraneo magro a cottura lenta

Tempo di preparazione: 30 minuti
Tempo di cottura: 8 ore
Porzioni: 10
Livello di difficoltà: difficile

Ingredienti:

- 4 libbre di occhio di tondo arrosto
- 4 spicchi d'aglio
- 2 cucchiaini di olio d'oliva
- 1 cucchiaino di pepe nero appena macinato
- 1 tazza di cipolle tritate
- 4 carote, tritate
- 2 cucchiaini di rosmarino essiccato
- 2 gambi di sedano tritati
- 28 once Pomodori schiacciati nella lattina
- 1 tazza di brodo di manzo a basso contenuto di sodio
- 1 tazza di vino rosso
- 2 cucchiaini di sale

Indicazioni:

Condire l'arrosto di manzo con sale, aglio e pepe e mettere da parte. Versare l'olio in una padella antiaderente e portare a fuoco medio-alto. Mettici dentro la carne e arrostisci finché non diventa marrone su tutti i lati. Ora trasferisci l'arrosto di manzo in una pentola a cottura lenta da 6 quarti. Aggiungi le carote, la cipolla, il rosmarino e il sedano nella padella. Continuare la cottura fino a quando la cipolla e la verdura diventano morbide.

Mescolare i pomodori e il vino in questa miscela di verdure. Aggiungere il brodo di manzo e la miscela di pomodoro nella pentola a cottura lenta insieme alla miscela di verdure. Chiudere e cuocere a fuoco basso per 8 ore.

Una volta che la carne è cotta, rimuoverla dalla pentola a cottura lenta e posizionarla su un tagliere e avvolgerla con un foglio di alluminio. Per addensare la salsa, trasferitela poi in una casseruola e fatela bollire a fuoco basso fino a raggiungere la consistenza desiderata. Scartare i grassi prima di servire.

Nutrizione (per 100 g): 260 calorie 6 g di grassi 8,7 g di carboidrati 37,6 g di proteine 588 mg di sodio

Polpettone a cottura lenta

Tempo di preparazione: 10 minuti

Tempo di cottura : 6 ore e 10 minuti

Porzioni: 8

Livello di difficoltà: medio

Ingredienti:

- 2 libbre bisonte macinato
- 1 zucchina grattugiata
- 2 uova grandi
- Olio d'oliva spray da cucina quanto basta
- 1 zucchina, sminuzzata
- ½ tazza di prezzemolo, fresco, tritato finemente
- ½ tazza di parmigiano, sminuzzato
- 3 cucchiai di aceto balsamico
- 4 spicchi d'aglio, grattugiati
- 2 cucchiai di cipolla tritata
- 1 cucchiaio di origano essiccato
- ½ cucchiaino di pepe nero macinato
- ½ cucchiaino di sale kosher
- Per la farcitura:
- ¼ di tazza di mozzarella grattugiata
- ¼ di tazza di ketchup senza zucchero
- ¼ di tazza di prezzemolo tritato fresco

Indicazioni:

Foderare a strisce l'interno di una pentola a cottura lenta da sei quarti con un foglio di alluminio. Spruzzaci sopra dell'olio da cucina antiaderente.

In una ciotola grande unire il bisonte macinato o il controfiletto macinato extra magro, le zucchine, le uova, il prezzemolo, l'aceto balsamico, l'aglio, l'origano essiccato, il sale marino o kosher, la cipolla secca tritata e il pepe nero macinato.

Metti questa miscela nella pentola a cottura lenta e forma una pagnotta oblunga. Coprite la pentola, mettete a fuoco basso e lasciate cuocere per 6 ore. Dopo la cottura, apri il fornello e distribuisci il ketchup su tutto il polpettone.

Ora, posiziona il formaggio sopra il ketchup come un nuovo strato e chiudi la pentola a cottura lenta. Lascia riposare il polpettone su questi due strati per circa 10 minuti o finché il formaggio non inizia a sciogliersi. Guarnire con prezzemolo fresco e mozzarella grattugiata.

Nutrizione (per 100 g): 320 calorie 2 g di grassi 4 g di carboidrati 26 g di proteine 681 mg di sodio

Hoagies di manzo mediterraneo a cottura lenta

Tempo di preparazione: 10 minuti
Tempo di cottura: 13 ore
Porzioni: 6
Livello di difficoltà: medio

Ingredienti:

- 3 libbre di manzo arrosto senza grasso
- ½ cucchiaino di Cipolla in polvere
- ½ cucchiaino di pepe nero
- 3 tazze di brodo di manzo a basso contenuto di sodio
- 4 cucchiaini di mix di condimento per insalata
- 1 foglia di alloro
- 1 cucchiaio di aglio, tritato
- 2 peperoni rossi tagliati a listarelle sottili
- 16 once di peperoncino
- 8 fette di Provolone Sargento, sottili
- 2 once di pane senza glutine
- ½ cucchiaino di sale
- Per condire:
- 1 ½ cucchiaio di cipolla in polvere
- 1 cucchiaio e mezzo di aglio in polvere
- 2 cucchiai di prezzemolo essiccato

- 1 cucchiaio di stevia
- ½ cucchiaino di timo essiccato
- 1 cucchiaio di origano essiccato
- 2 cucchiai di pepe nero
- 1 cucchiaio di sale
- 6 fette di formaggio

Indicazioni:

Asciugare l'arrosto con un tovagliolo di carta. Unisci pepe nero, cipolla in polvere e sale in una piccola ciotola e strofina il composto sull'arrosto. Metti l'arrosto condito in una pentola a cottura lenta.

Aggiungi brodo, condimento per insalata, alloro e aglio nella pentola a cottura lenta. Uniscilo delicatamente. Chiudere e impostare una cottura bassa per 12 ore. Dopo la cottura, rimuovere la foglia di alloro.

Tira fuori la carne cotta e sminuzza la carne. Rimettere a posto la carne sminuzzata e aggiungere i peperoni e. Aggiungere i peperoni e il peperoncino nella pentola a cottura lenta. Coprite il fornello e cuocete a fuoco basso per 1 ora. Prima di servire, ricopri ogni pane con 3 once della miscela di carne. Completalo con una fetta di formaggio. Il sugo liquido può essere usato come salsa.

Nutrizione (per 100 g): 442 calorie 11,5 g di grassi 37 g di carboidrati 49 g di proteine 735 mg di sodio

Arrosto Di Maiale Mediterraneo

Tempo di preparazione: 10 minuti

Tempo di cottura : 8 ore e 10 minuti

Porzioni: 6

Livello di difficoltà: medio

Ingredienti:

- 2 cucchiai di olio d'oliva
- 2 libbre di maiale arrosto
- ½ cucchiaino di paprika
- ¾ tazza di brodo di pollo
- 2 cucchiaini di salvia essiccata
- ½ cucchiaio di aglio tritato
- ¼ di cucchiaino Maggiorana essiccata
- ¼ di cucchiaino di rosmarino essiccato
- 1 cucchiaino di origano
- ¼ di cucchiaino di timo essiccato
- 1 cucchiaino di basilico
- ¼ di cucchiaino di sale kosher

Indicazioni:

In una piccola ciotola mescolate brodo, olio, sale e spezie. In una padella versare l'olio d'oliva e portare a fuoco medio-alto. Mettici dentro la carne di maiale e cuocila finché tutti i lati non diventano dorati.

Togliere la carne di maiale dopo la cottura e colpire l'arrosto con un coltello. Metti l'arrosto di maiale in una pentola di coccio da 6 quarti. Ora, versa il liquido della miscela della piccola ciotola su tutto l'arrosto.

Sigillare la pentola di coccio e cuocere a fuoco basso per 8 ore. Dopo la cottura, rimuoverlo dalla pentola di coccio su un tagliere e sminuzzarlo a pezzi. Successivamente, aggiungi il maiale sminuzzato nella pentola. Cuoci a fuoco lento per altri 10 minuti. Servire insieme a formaggio feta, pane pita e pomodori.

Nutrizione (per 100 g): 361 calorie 10,4 g di grassi 0,7 g di carboidrati 43,8 g di proteine 980 mg di sodio

Pizza Di Manzo

Tempo di preparazione: 20 minuti

Tempo di cottura : 50 minuti

Porzioni: 10

Livello di difficoltà: difficile

Ingredienti:

- <u>Per la crosta:</u>
- 3 tazze di farina per tutti gli usi
- 1 cucchiaio di zucchero
- 2¼ cucchiaini di lievito secco attivo
- 1 cucchiaino di sale
- 2 cucchiai di olio d'oliva
- 1 tazza di acqua tiepida
- <u>Per guarnire:</u>
- 1 libbra di carne macinata
- 1 cipolla media, tritata
- 2 cucchiai di concentrato di pomodoro
- 1 cucchiaio di cumino macinato
- Sale e pepe nero macinato, quanto basta
- ¼ di tazza d'acqua
- 1 tazza di spinaci freschi, tritati
- 8 once di cuori di carciofi, tagliati in quarti
- 4 once di funghi freschi, affettati

- 2 pomodori, tritati
- 4 once di formaggio feta, sbriciolato

Indicazioni:

Per la crosta:

Mescolare la farina, lo zucchero, il lievito e il sale con una planetaria, utilizzando il gancio per impastare. Aggiungere 2 cucchiai di olio e acqua tiepida e impastare fino a formare un impasto liscio ed elastico.

Fare una palla di pasta e mettere da parte per circa 15 minuti.

Posizionare l'impasto su una superficie leggermente infarinata e arrotolarlo formando un cerchio. Sistemare l'impasto in una teglia rotonda leggermente unta e premere delicatamente per adattarla. Mettere da parte per circa 10-15 minuti. Cospargere la crosta con un po 'd'olio. Preriscalda il forno a 400 gradi F.

Per guarnire:

Friggere la carne di manzo in una padella antiaderente a fuoco medio-alto per circa 4-5 minuti. Aggiungere la cipolla e cuocere per circa 5 minuti, mescolando spesso. Aggiungere il concentrato di pomodoro, il cumino, il sale, il pepe nero e l'acqua e mescolare per amalgamare.

Imposta la fiamma a una temperatura media e cuoci per circa 5-10 minuti. Togliete dal fuoco e mettete da parte. Mettere il composto di manzo sulla crosta della pizza e guarnire con gli spinaci, quindi i carciofi, i funghi, i pomodori e la feta.

Cuocere fino a quando il formaggio si sarà sciolto. Sfornare e mettere da parte per circa 3-5 minuti prima di affettare. Tagliare a fette della dimensione desiderata e servire.

Nutrizione (per 100 g): 309 calorie 8,7 g di grassi 3,7 g di carboidrati 3,3 g di proteine 732 mg di sodio

Polpette di manzo e bulgur

Tempo di preparazione: 20 minuti

Tempo di cottura : 28 minuti

Porzioni: 6

Livello di difficoltà: medio

Ingredienti:

- ¾ tazza di bulgur crudo
- 1 libbra di carne macinata
- ¼ tazza di scalogno, tritato
- ¼ di tazza di prezzemolo fresco, tritato
- ½ cucchiaino di pimento macinato
- ½ cucchiaino di cumino macinato
- ½ cucchiaino di cannella in polvere
- ¼ di cucchiaino di peperoncino a scaglie, schiacciato
- Sale, quanto basta
- 1 cucchiaio di olio d'oliva

Indicazioni:

In una grande ciotola di acqua fredda, immergere il bulgur per circa 30 minuti. Scolate bene il bulgur e poi strizzatelo con le mani per eliminare l'acqua in eccesso. In un robot da cucina, aggiungi il bulgur, la carne di manzo, lo scalogno, il prezzemolo, le spezie, il sale e il polso fino a formare un composto omogeneo.

Sistemate il composto in una ciotola e mettete in frigorifero, coperto per circa 30 minuti. Togliere dal frigorifero e formare polpette di uguali dimensioni dal composto di manzo. In una grande padella antiaderente, scaldare l'olio a fuoco medio-alto e cuocere le polpette in 2 tempi per circa 13-14 minuti, girando frequentemente. Servire caldo.

Nutrizione (per 100 g): 228 calorie 7,4 g di grassi 0,1 g di carboidrati 3,5 g di proteine 766 mg di sodio

Gustoso manzo e broccoli

Tempo di preparazione: 10 minuti

Tempo di cottura : 15 minuti

Porzioni: 4

Livello di difficoltà: facile

Ingredienti:

- 1 e ½ libbre. bistecca ai fianchi
- 1 cucchiaio. olio d'oliva
- 1 cucchiaio. salsa tamari
- 1 tazza di brodo di manzo
- Broccoli da 1 libbra, cimette separate

Indicazioni:

Unire le strisce di bistecca con olio e tamari, mescolare e mettere da parte per 10 minuti. Seleziona la tua pentola istantanea in modalità sauté, posiziona le strisce di manzo e rosolale per 4 minuti su ciascun lato. Mescolare il brodo, coprire di nuovo la pentola e cuocere a fuoco alto per 8 minuti. Mescolare i broccoli, coprire e cuocere a fuoco alto per altri 4 minuti. Porzionare tutto tra i piatti e servire. Godere!

Nutrizione (per 100 g): 312 calorie 5 g di grassi 20 g di carboidrati 4 g di proteine 694 mg di sodio

Peperoncino Di Mais Di Manzo

Tempo di preparazione: 8-10 minuti
Tempo di cottura : 30 minuti
Porzioni: 8
Livello di difficoltà: medio

Ingredienti:

- 2 cipolle piccole, tritate (finemente)
- ¼ di tazza di mais in scatola
- 1 cucchiaio di olio
- 10 once di carne macinata magra
- 2 peperoncini piccoli, tagliati a dadini

Indicazioni:

Accendi la pentola istantanea. Fare clic su "SAUTE". Versare l'olio, quindi incorporare le cipolle, il peperoncino e la carne di manzo; cuocere fino a quando non diventa traslucido e ammorbidito. Versare 3 tazze d'acqua nella pentola; mescolare bene.

Sigilla il coperchio. Selezionare "CARNE / STEW". Regola il timer a 20 minuti. Lasciar cuocere finché il timer non si azzera.

Fare clic su "ANNULLA" quindi "NPR" per una pressione di rilascio naturale per circa 8-10 minuti. Aprire quindi adagiare la pirofila nei piatti da portata. Servire.

Nutrizione (per 100 g): 94 calorie 5 g di grassi 2 g di carboidrati 7 g di proteine 477 mg di sodio

Piatto Balsamico Di Manzo

Tempo di preparazione: 5 minuti

Tempo di cottura : 55 minuti

Porzioni: 8

Livello di difficoltà: medio

Ingredienti:

- 3 libbre di mandrino arrosto
- 3 spicchi d'aglio, tagliati a fettine sottili
- 1 cucchiaio di olio
- 1 cucchiaino di aceto aromatizzato
- ½ cucchiaino di pepe
- ½ cucchiaino di rosmarino
- 1 cucchiaio di burro
- ½ cucchiaino di timo
- ¼ di tazza di aceto balsamico
- 1 tazza di brodo di manzo

Indicazioni:

Affettare le fessure nell'arrosto e farcire a fettine d'aglio dappertutto. Unire l'aceto aromatizzato, il rosmarino, il pepe, il timo e strofinare il composto sull'arrosto. Selezionare la pentola in modalità sauté e mescolare con l'olio, lasciare riscaldare l'olio. Cuoci entrambi i lati dell'arrosto.

Tiralo fuori e mettilo da parte. Mescolare il burro, il brodo, l'aceto balsamico e sfumare la pentola. Rimettere l'arrosto e chiudere il coperchio, quindi cuocere ad ALTA pressione per 40 minuti.

Eseguire un rilascio rapido. Servire!

Nutrizione (per 100 g): 393 calorie 15 g di grassi 25 g di carboidrati 37 g di proteine 870 mg di sodio

Arrosto di manzo con salsa di soia

Tempo di preparazione: 8 minuti
Tempo di cottura : 35 minuti
Porzioni: 2-3
Livello di difficoltà: medio

Ingredienti:

- ½ cucchiaino di brodo di manzo
- 1 ½ cucchiaino di rosmarino
- ½ cucchiaino di aglio tritato
- 2 libbre di roast beef
- 1/3 di tazza di salsa di soia

Indicazioni:

Unisci la salsa di soia, il brodo, il rosmarino e l'aglio insieme in una terrina.

Accendi il tuo piatto istantaneo. Metti l'arrosto e versa abbastanza acqua per coprire l'arrosto; mescolate delicatamente per amalgamare bene. Sigilla bene.

Fare clic sulla funzione di cottura "CARNE / STUFATO"; impostare il livello di pressione su "ALTO" e impostare il tempo di cottura su 35 minuti. Lasciate che la pressione si accumuli per cuocere gli ingredienti. Al termine, fare clic sull'impostazione "ANNULLA", quindi fare clic sulla funzione di cottura "NPR" per rilasciare la pressione in modo naturale.

Aprire gradualmente il coperchio e sminuzzare la carne. Incorporare nuovamente la carne sminuzzata nel terriccio e mescolare bene. Trasferire in contenitori da portata. Servire caldo.

Nutrizione (per 100 g): 423 calorie 14 g di grassi 12 g di carboidrati 21 g di proteine 884 mg di sodio

Arrosto Di Manzo Al Rosmarino

Tempo di preparazione: 5 minuti

Tempo di cottura : 45 minuti

Porzioni: 5-6

Livello di difficoltà: medio

Ingredienti:

- 3 libbre di arrosto di manzo
- 3 spicchi d'aglio
- ¼ di tazza di aceto balsamico
- 1 rametto di rosmarino fresco
- 1 rametto di timo fresco
- 1 tazza d'acqua
- 1 cucchiaio di olio vegetale
- Sale e pepe a piacere

Indicazioni:

Tritare le fette nell'arrosto di manzo e adagiarvi gli spicchi d'aglio. Strofina l'arrosto con le erbe, il pepe nero e il sale. Preriscalda la pentola istantanea usando l'impostazione sauté e versa l'olio. Una volta riscaldato, unire l'arrosto di manzo e cuocere in padella fino a doratura su tutti i lati. Aggiungere i restanti ingredienti; mescolare delicatamente.

Sigillare bene e cuocere a fuoco alto per 40 minuti utilizzando l'impostazione manuale. Consentire il rilascio della pressione in modo naturale, circa 10 minuti. Scoprire e mettere l'arrosto di manzo nei piatti da portata, affettare e servire.

Nutrizione (per 100 g): 542 calorie 11,2 g di grassi 8,7 g di carboidrati 55,2 g di proteine 710 mg di sodio

Costolette di maiale e salsa di pomodoro

Tempo di preparazione: 10 minuti

Tempo di cottura : 20 minuti

Porzioni: 4

Livello di difficoltà: facile

Ingredienti:

- 4 costolette di maiale, disossate
- 1 cucchiaio di salsa di soia
- ¼ di cucchiaino di olio di sesamo
- 1 tazza e ½ di concentrato di pomodoro
- 1 cipolla gialla
- 8 funghi, affettati

Indicazioni:

In una ciotola mescolare le costolette di maiale con la salsa di soia e l'olio di sesamo, mescolare e lasciare da parte per 10 minuti. Imposta la tua pentola istantanea in modalità sauté, aggiungi le costolette di maiale e rosolale per 5 minuti su ciascun lato. Mescolare la cipolla e cuocere per altri 1-2 minuti. Aggiungere il concentrato di pomodoro ei funghi, mescolare, coprire e cuocere a fuoco alto per 8-9 minuti. Dividete tutto tra i piatti e servite. Godere!

Nutrizione (per 100 g): 300 calorie 7 g di grassi 18 g di carboidrati 4 g di proteine 801 mg di sodio

Pollo con salsa di capperi

Tempo di preparazione: 10 minuti

Tempo di cottura : 18 minuti

Porzioni: 5

Livello di difficoltà: difficile

Ingredienti:

- <u>Per il pollo:</u>
- 2 uova
- Sale e pepe nero macinato, quanto basta
- 1 tazza di pangrattato secco
- 2 cucchiai di olio d'oliva
- 1 ½ libbra di petto di pollo disossato e senza pelle a metà, pestato nello spessore di ¾ pollici e tagliato a pezzi
- <u>Per la salsa ai capperi:</u>
- 3 cucchiai di capperi
- ½ bicchiere di vino bianco secco
- 3 cucchiai di succo di limone fresco
- Sale e pepe nero macinato, quanto basta
- 2 cucchiai di prezzemolo fresco tritato

Indicazioni:

Per il pollo: in una pirofila poco profonda, aggiungere le uova, il sale e il pepe nero e sbattere fino a ottenere un composto omogeneo. In un altro piatto poco profondo, posizionare il pangrattato. Immergere i pezzi di pollo nella miscela di uova e ricoprirli uniformemente con il pangrattato. Scuotere via il pangrattato in eccesso.

Cuocere l'olio a fuoco medio e cuocere i pezzi di pollo per circa 5-7 minuti per lato o fino alla cottura desiderata. Con una schiumarola, adagiare i pezzi di pollo su un piatto rivestito di carta assorbente. Con un pezzo di carta stagnola, coprire i pezzi di pollo per tenerli al caldo.

Nella stessa padella incorporare tutti gli ingredienti della salsa tranne il prezzemolo e cuocere per circa 2-3 minuti, mescolando continuamente. Mescolare il prezzemolo e togliere dal fuoco. Servire i pezzi di pollo con la salsa di capperi.

Nutrizione (per 100 g): 352 calorie 13,5 g di grassi 1,9 g di carboidrati 1,2 g di proteine 741 mg di sodio

Hamburger di tacchino con salsa al mango

Tempo di preparazione: 15 minuti

Tempo di cottura : 10 minuti

Porzioni: 6

Livello di difficoltà: facile

Ingredienti:

- 1 ½ libbra di petto di tacchino macinato
- 1 cucchiaino di sale marino, diviso
- ¼ di cucchiaino di pepe nero appena macinato
- 2 cucchiai di olio extravergine d'oliva
- 2 mango, pelati, snocciolati e tagliati a cubetti
- ½ cipolla rossa, tritata finemente
- Succo di 1 lime
- 1 spicchio d'aglio, tritato
- ½ peperoncino jalapeño, privato dei semi e tritato finemente
- 2 cucchiai di foglie di coriandolo fresco tritate

Indicazioni:

Formare il petto di tacchino in 4 polpette e condire con ½ cucchiaino di sale marino e pepe. Cuocere l'olio d'oliva in una padella antiaderente finché non brilla. Aggiungere le polpette di tacchino e cuocere per circa 5 minuti per lato fino a doratura. Mentre le polpette cuociono, mescola il mango, la cipolla rossa, il succo di lime, l'aglio, il jalapeño, il coriandolo e il restante ½ cucchiaino di sale marino in una piccola ciotola. Versare la salsa sulle polpette di tacchino e servire.

Nutrizione (per 100 g): 384 calorie 3 g di grassi 27 g di carboidrati 34 g di proteine 692 mg di sodio

Petto Di Tacchino Arrosto Alle Erbe

Tempo di preparazione: 15 minuti

Tempo di cottura : 1 ora e mezza (più 20 minuti per riposare)

Porzioni: 6

Livello di difficoltà: medio

Ingredienti:

- 2 cucchiai di olio extravergine d'oliva
- 4 spicchi d'aglio, tritati
- Scorza di 1 limone
- 1 cucchiaio di foglie di timo fresco tritate
- 1 cucchiaio di foglie di rosmarino fresche tritate
- 2 cucchiai di foglie di prezzemolo fresco italiano tritate
- 1 cucchiaino di senape macinata
- 1 cucchiaino di sale marino
- ¼ di cucchiaino di pepe nero appena macinato
- 1 (6 libbre) di petto di tacchino con osso e con la pelle
- 1 tazza di vino bianco secco

Indicazioni:

Preriscalda il forno a 325 ° F. Unisci l'olio d'oliva, l'aglio, la scorza di limone, il timo, il rosmarino, il prezzemolo, la senape, il sale marino e il pepe. Spennellare uniformemente la miscela di erbe sulla superficie del petto di tacchino, sciogliere la pelle e strofinare anche sotto. Sistemare il petto di tacchino in una teglia su una griglia, con la pelle rivolta verso l'alto.

Versate il vino nella padella. Cuocere da 1 a 1 ora e mezza fino a quando il tacchino raggiunge una temperatura interna di 165 gradi F. Estrarre dal forno e impostare separatamente per 20 minuti, avvolto con un foglio di alluminio per mantenerlo caldo, prima di tagliare.

Nutrizione (per 100 g): 392 calorie 1 g di grassi 2 g di carboidrati 84 g di proteine 741 mg di sodio

Salsiccia di pollo e peperoni

Tempo di preparazione: 10 minuti

Tempo di cottura : 20 minuti

Porzioni: 6

Livello di difficoltà: medio

Ingredienti:

- 2 cucchiai di olio extravergine d'oliva
- 6 salsicce di pollo italiane
- 1 cipolla
- 1 peperone rosso
- 1 peperone verde
- 3 spicchi d'aglio, tritati
- ½ bicchiere di vino bianco secco
- ½ cucchiaino di sale marino
- ¼ di cucchiaino di pepe nero appena macinato
- Pizzica i fiocchi di peperone rosso

Indicazioni:

Cuocere l'olio d'oliva in una padella larga finché non brilla. Aggiungere le salsicce e cuocere per 5-7 minuti, girandole di tanto in tanto, fino a quando diventano dorate e raggiungono una temperatura interna di 50 ° C. Con le pinze, togliete la salsiccia dalla padella e mettetela da parte su un piatto da portata, tendendo con un foglio di alluminio per tenerla al caldo.

Rimetti la padella sul fuoco e aggiungi la cipolla, il peperone rosso e il peperone verde. Cuocere e mescolare di tanto in tanto, fino a quando le verdure iniziano a dorare. Aggiungere l'aglio e cuocere per 30 secondi, mescolando continuamente.

Incorporare il vino, il sale marino, il pepe e i fiocchi di peperoncino. Estrarre e piegare i pezzetti dorati dal fondo della padella. Cuocere a fuoco lento per altri 4 minuti circa, mescolando, fino a quando il liquido si riduce della metà. Distribuire i peperoni sulle salsicce e servire.

Nutrizione (per 100 g): 173 calorie 1 g di grassi 6 g di carboidrati 22 g di proteine 582 mg di sodio

Piccata Di Pollo

Tempo di preparazione: 10 minuti

Tempo di cottura : 15 minuti

Porzioni: 6

Livello di difficoltà: medio

Ingredienti:

- ½ tazza di farina integrale
- ½ cucchiaino di sale marino
- 1/8 cucchiaino di pepe nero appena macinato
- 1 ½ libbra di petto di pollo, tagliato in 6 pezzi
- 3 cucchiai di olio extravergine d'oliva
- 1 tazza di brodo di pollo non salato
- ½ bicchiere di vino bianco secco
- Succo di 1 limone
- Scorza di 1 limone
- ¼ di tazza di capperi, scolati e sciacquati
- ¼ di tazza di prezzemolo fresco tritato

Indicazioni:

In un piatto fondo, sbatti la farina, il sale marino e il pepe. Passa il pollo nella farina e elimina l'eccesso. Cuocere l'olio d'oliva finché non brilla.

Mettere il pollo e cuocere per circa 4 minuti per lato fino a doratura. Tirare fuori il pollo dalla padella e metterlo da parte, coperto con un foglio di alluminio per tenerlo al caldo.

Rimetti la padella sul fuoco e aggiungi il brodo, il vino, il succo di limone, la scorza di limone ei capperi. Usa il lato di un cucchiaio e piega i pezzetti dorati dal fondo della padella. Cuocere a fuoco lento finché il liquido non si addensa. Togli la padella dal fuoco e rimetti il pollo nella padella. Gira per rivestire. Aggiungere il prezzemolo e servire.

Nutrizione (per 100 g): 153 calorie 2 g di grassi 9 g di carboidrati 8 g di proteine 692 mg di sodio

Pollo Toscano In Una Padella

Tempo di preparazione: 10 minuti

Tempo di cottura : 25 minuti

Porzioni: 6

Livello di difficoltà: difficile

Ingredienti:

- ¼ di tazza di olio extravergine di oliva, diviso
- Petti di pollo disossati e senza pelle da 1 libbra, tagliati a pezzi da pollici
- 1 cipolla, tritata
- 1 peperone rosso, tritato
- 3 spicchi d'aglio, tritati
- ½ bicchiere di vino bianco secco
- 1 (14 once) può pomodori schiacciati, non scolati
- 1 (14 once) può pomodori tritati, scolati
- 1 (14 once) può fagioli bianchi, scolati
- 1 cucchiaio di condimento italiano essiccato
- ½ cucchiaino di sale marino
- 1/8 cucchiaino di pepe nero appena macinato
- 1/8 di cucchiaino di fiocchi di peperone rosso
- ¼ di tazza di foglie di basilico fresco tritate

Indicazioni:

Cuocere 2 cucchiai di olio d'oliva finché non brilla. Mescolare il pollo e cuocere fino a doratura. Togli il pollo dalla padella e mettilo da parte su un piatto da portata, ricoperto di carta stagnola per tenerlo al caldo.

Rimetti la padella sul fuoco e riscalda l'olio d'oliva rimasto. Aggiungere la cipolla e il peperone rosso. Cuocere e mescolare raramente, fino a quando le verdure non saranno morbide. Mettere l'aglio e cuocere per 30 secondi, mescolando continuamente.

Mescolare il vino e utilizzare il lato del cucchiaio per rimuovere eventuali pezzetti dorati dal fondo della padella. Cuocere per 1 minuto, mescolando.

Mescolare i pomodori schiacciati e tritati, i fagioli bianchi, il condimento italiano, il sale marino, il pepe e i fiocchi di peperoncino. Lasciar cuocere a fuoco lento. Cuocere per 5 minuti, mescolando di tanto in tanto.

Rimetti il pollo e il sugo raccolto nella padella. Cuocere fino a quando il pollo è cotto. Togliere dal fuoco e incorporare il basilico prima di servire.

Nutrizione (per 100 g): 271 calorie 8 g di grassi 29 g di carboidrati 14 g di proteine 596 mg di sodio

Pollo Kapama

Tempo di preparazione: 10 minuti
Tempo di cottura: 2 ore
Porzioni: 4
Livello di difficoltà: medio

Ingredienti:

- 1 (32 once) può pomodori tritati, scolati
- ¼ di tazza di vino bianco secco
- 2 cucchiai di concentrato di pomodoro
- 3 cucchiai di olio extravergine d'oliva
- ¼ di cucchiaino di fiocchi di peperone rosso
- 1 cucchiaino di pimento macinato
- ½ cucchiaino di origano essiccato
- 2 chiodi di garofano interi
- 1 stecca di cannella
- ½ cucchiaino di sale marino
- 1/8 cucchiaino di pepe nero appena macinato
- 4 metà di petto di pollo disossate e senza pelle

Indicazioni:

Mescolare i pomodori, il vino, il concentrato di pomodoro, l'olio d'oliva, i fiocchi di peperoncino, il pimento, l'origano, i chiodi di garofano, la stecca di cannella, il sale marino e il pepe in una pentola capiente. Portare a ebollizione, mescolando di tanto in tanto. Lasciar cuocere a fuoco lento per 30 minuti, mescolando di tanto in tanto. Rimuovere e scartare i chiodi di garofano interi e la stecca di cannella dalla salsa e lasciare raffreddare la salsa.

Preriscalda il forno a 350 ° F. Metti il pollo in una pirofila da 9x13 pollici. Versare la salsa sul pollo e coprire la padella con un foglio di alluminio. Continua a cuocere fino a raggiungere la temperatura interna di 165 ° F.

Nutrizione (per 100 g): 220 calorie 3 g di grassi 11 g di carboidrati 8 g di proteine 923 mg di sodio

Petti di pollo ripieni di spinaci e feta

Tempo di preparazione: 10 minuti
Tempo di cottura : 45 minuti
Porzioni: 4
Livello di difficoltà: medio

Ingredienti:

- 2 cucchiai di olio extravergine d'oliva
- Spinaci baby freschi da 1 libbra
- 3 spicchi d'aglio, tritati
- Scorza di 1 limone
- ½ cucchiaino di sale marino
- 1/8 cucchiaino di pepe nero appena macinato
- ½ tazza di formaggio feta sbriciolato
- 4 petti di pollo disossati e senza pelle

Indicazioni:

Preriscalda il forno a 350 ° F. Cuocere l'olio d'oliva a fuoco medio fino a quando non brilla. Aggiungi gli spinaci. Continuate la cottura e mescolate, finché non appassisce.

Incorporare l'aglio, la scorza di limone, il sale marino e il pepe. Cuocere per 30 secondi, mescolando continuamente. Lasciar raffreddare leggermente e incorporare il formaggio.

Distribuire il composto di spinaci e formaggio in uno strato uniforme sui pezzi di pollo e arrotolare il petto attorno al ripieno.

Tenere chiuso con stuzzicadenti o spago da macellaio. Metti il petto in una pirofila da 9x13 pollici e inforna per 30-40 minuti, o fino a quando il pollo non avrà una temperatura interna di 165 ° F. Sfornare e mettere da parte per 5 minuti prima di affettare e servire.

Nutrizione (per 100 g): 263 calorie 3 g di grassi 7 g di carboidrati 17 g di proteine 639 mg di sodio

Cosce Di Pollo Al Forno Al Rosmarino

Tempo di preparazione: 5 minuti

Tempo di cottura: 1 ora

Porzioni: 6

Livello di difficoltà: facile

Ingredienti:

- 2 cucchiai di foglie di rosmarino fresche tritate
- 1 cucchiaino di aglio in polvere
- ½ cucchiaino di sale marino
- 1/8 cucchiaino di pepe nero appena macinato
- Scorza di 1 limone
- 12 cosce di pollo

Indicazioni:

Preriscalda il forno a 350 ° F. Mescolare il rosmarino, l'aglio in polvere, il sale marino, il pepe e la scorza di limone.

Posizionare le bacchette in una teglia da forno da 9x13 pollici e cospargere con la miscela di rosmarino. Cuocere fino a quando il pollo raggiunge una temperatura interna di 50 ° C.

Nutrizione (per 100 g): 163 calorie 1 g di grassi 2 g di carboidrati 26 g di proteine 633 mg di sodio

Pollo con cipolle, patate, fichi e carote

Tempo di preparazione: 5 minuti

Tempo di cottura: 45 minuti

Porzioni: 4

Livello di difficoltà: medio

Ingredienti:

- 2 tazze di patate fingerling, tagliate a metà
- 4 fichi freschi, tagliati in quarti
- 2 carote, tagliate alla julienne
- 2 cucchiai di olio extravergine d'oliva
- 1 cucchiaino di sale marino, diviso
- ¼ di cucchiaino di pepe nero appena macinato
- 4 quarti di coscia di pollo
- 2 cucchiai di foglie di prezzemolo fresco tritate

Indicazioni:

Preriscalda il forno a 425 ° F. In una piccola ciotola, condisci le patate, i fichi e le carote con l'olio d'oliva, ½ cucchiaino di sale marino e il pepe. Distribuire in una pirofila da 9x13 pollici.

Condire il pollo con il resto del sale marino. Mettilo sopra le verdure. Cuocere fino a quando le verdure sono morbide e il pollo raggiunge una temperatura interna di 50 ° C. Cospargere con il prezzemolo e servire.

Nutrizione (per 100 g): 429 calorie 4 g di grassi 27 g di carboidrati 52 g di proteine 581 mg di sodio

Pollo e Tzatziki

Tempo di preparazione: 15 minuti

Tempo di cottura : 1 ora e 20 minuti

Porzioni: 6

Livello di difficoltà: medio

Ingredienti:

- Petto di pollo macinato da 1 libbra
- 1 cipolla grattugiata con l'acqua in eccesso strizzata
- 2 cucchiai di rosmarino essiccato
- 1 cucchiaio di maggiorana essiccata
- 6 spicchi d'aglio, tritati
- ½ cucchiaino di sale marino
- ¼ di cucchiaino di pepe nero appena macinato
- Salsa greca Tzatziki

Indicazioni:

Preriscalda il forno a 350 ° F. Mescolare il pollo, la cipolla, il rosmarino, la maggiorana, l'aglio, il sale marino e il pepe utilizzando un robot da cucina. Frullare fino a formare una pasta. In alternativa, mescola questi ingredienti in una ciotola finché non sono ben combinati (vedi suggerimento per la preparazione).

Pressate il composto in una teglia. Infornare fino a raggiungere la temperatura interna di 165 gradi. Sfornate e lasciate riposare per 20 minuti prima di affettare.

Affetta il giroscopio e versa sopra la salsa tzatziki.

Nutrizione (per 100 g): 289 calorie 1 g di grassi 20 g di carboidrati 50 g di proteine 622 mg di sodio

Moussaka

Tempo di preparazione: 10 minuti

Tempo di cottura : 45 minuti

Porzioni: 8

Livello di difficoltà: difficile

Ingredienti:

- 5 cucchiai di olio extravergine di oliva, diviso
- 1 melanzana, a fette (con la buccia)
- 1 cipolla, tritata
- 1 peperone verde, privato dei semi e tritato
- 1 libbra di tacchino macinato
- 3 spicchi d'aglio, tritati
- 2 cucchiai di concentrato di pomodoro
- 1 (14 once) può pomodori tritati, scolati
- 1 cucchiaio di condimento italiano
- 2 cucchiaini di salsa Worcestershire
- 1 cucchiaino di origano essiccato
- ½ cucchiaino di cannella in polvere
- 1 tazza di yogurt greco senza grassi non zuccherato
- 1 uovo, sbattuto
- ¼ di cucchiaino di pepe nero appena macinato
- ¼ di cucchiaino di noce moscata macinata
- ¼ di tazza di parmigiano grattugiato
- 2 cucchiai di foglie di prezzemolo fresco tritate

Indicazioni:

Preriscalda il forno a 400 ° F. Cuocere 3 cucchiai di olio d'oliva finché non brilla. Aggiungere le melanzane a fettine e far rosolare per 3-4 minuti per lato. Trasferire su carta assorbente per scolare.

Rimetti la padella sul fuoco e versa i restanti 2 cucchiai di olio d'oliva. Aggiungere la cipolla e il peperone verde. Continuate la cottura fino a quando le verdure saranno morbide. Togliere dalla padella e mettere da parte.

Tira fuori la padella sul fuoco e aggiungi il tacchino. Cuocere per circa 5 minuti, sbriciolando con un cucchiaio, fino a doratura. Incorporare l'aglio e cuocere per 30 secondi, mescolando continuamente.

Incorporare il concentrato di pomodoro, i pomodori, il condimento italiano, la salsa Worcestershire, l'origano e la cannella. Rimetti la cipolla e il peperone nella padella. Cuocere per 5 minuti, mescolando. Unisci lo yogurt, l'uovo, il pepe, la noce moscata e il formaggio.

Disporre metà della miscela di carne in una pirofila da 9x13 pollici. Adagiare con metà delle melanzane. Aggiungere il restante composto di carne e le rimanenti melanzane. Spalmare con la miscela di yogurt. Cuocere fino a doratura. Guarnire con il prezzemolo e servire.

Nutrizione (per 100 g): 338 calorie 5 g di grassi 16 g di carboidrati 28 g di proteine 569 mg di sodio

Filetto di maiale di Digione e alle erbe

Tempo di preparazione: 10 minuti

Tempo di cottura : 30 minuti

Porzioni: 6

Livello di difficoltà: medio

Ingredienti:

- ½ tazza di foglie di prezzemolo fresco italiano, tritate
- 3 cucchiai di foglie di rosmarino fresco, tritate
- 3 cucchiai di foglie di timo fresco, tritate
- 3 cucchiai di senape di Digione
- 1 cucchiaio di olio extravergine d'oliva
- 4 spicchi d'aglio, tritati
- ½ cucchiaino di sale marino
- ¼ di cucchiaino di pepe nero appena macinato
- 1 filetto di maiale (1 ½ libbra)

Indicazioni:

Preriscalda il forno a 400 ° F. Frulla il prezzemolo, il rosmarino, il timo, la senape, l'olio d'oliva, l'aglio, il sale marino e il pepe. Frullare per circa 30 secondi fino a che liscio. Distribuire uniformemente il composto sulla carne di maiale e adagiarlo su una teglia da forno bordata.

Cuocere fino a quando la carne raggiunge una temperatura interna di 140 ° F. Sfornare e mettere da parte per 10 minuti prima di affettare e servire.

Nutrizione (per 100 g): 393 calorie 3 g di grassi 5 g di carboidrati 74 g di proteine 697 mg di sodio

Bistecca con Salsa di Funghi e Vino Rosso

Tempo di preparazione : minuti più 8 ore per marinare

Tempo di cottura : 20 minuti

Porzioni: 4

Livello di difficoltà: difficile

Ingredienti:

- <u>Per la marinata e la bistecca</u>
- 1 tazza di vino rosso secco
- 3 spicchi d'aglio, tritati
- 2 cucchiai di olio extravergine d'oliva
- 1 cucchiaio di salsa di soia a basso contenuto di sodio
- 1 cucchiaio di timo essiccato
- 1 cucchiaino di senape di Digione
- 2 cucchiai di olio extravergine d'oliva
- Bistecca con gonna da 1 a 1 ½ libbra, bistecca di ferro piatto o bistecca a tre punte
- <u>Per la salsa di funghi</u>
- 2 cucchiai di olio extravergine d'oliva
- Funghi cremini da 1 libbra, tagliati in quarti
- ½ cucchiaino di sale marino
- 1 cucchiaino di timo essiccato
- 1/8 cucchiaino di pepe nero appena macinato
- 2 spicchi d'aglio, tritati

- 1 tazza di vino rosso secco

Indicazioni:

Per fare la marinata e la bistecca

In una piccola ciotola, sbatti il vino, l'aglio, l'olio d'oliva, la salsa di soia, il timo e la senape. Versare in un sacchetto richiudibile e aggiungere la bistecca. Metti a marinare la bistecca in frigorifero per 4-8 ore. Togli la bistecca dalla marinata e asciugala con carta assorbente.

Cuocere l'olio d'oliva in una padella larga fino a quando non brilla.

Posizionare la bistecca e cuocere per circa 4 minuti per lato fino a quando non sarà ben dorata su ogni lato e la bistecca raggiungerà una temperatura interna di 140 ° F. Togli la bistecca dalla padella e mettila su un piatto tendato con carta stagnola per tenerla al caldo, mentre prepari la salsa ai funghi.

Quando la salsa di funghi è pronta, affetta la bistecca contro il grano in fette spesse ½ pollice.

Per fare la salsa ai funghi

Cuocere l'olio nella stessa padella a fuoco medio-alto. Aggiungere i funghi, il sale marino, il timo e il pepe. Cuocere per circa 6 minuti, mescolando molto di rado, finché i funghi non saranno dorati.

Soffriggi l'aglio. Mescola il vino e usa il lato di un cucchiaio di legno per rimuovere eventuali pezzetti dorati dal fondo della padella.

Cuocere fino a quando il liquido si riduce della metà. Servire i funghi con un cucchiaio sulla bistecca.

Nutrizione (per 100 g): 405 calorie 5 g di grassi 7 g di carboidrati 33 g di proteine 842 mg di sodio

Polpette greche

Tempo di preparazione: 20 minuti

Tempo di cottura : 25 minuti

Porzioni: 4

Livello di difficoltà: medio

Ingredienti:

- 2 fette di pane integrale
- 1 ¼ libbra di tacchino macinato
- 1 uovo
- ¼ di tazza di pangrattato integrale condito
- 3 spicchi d'aglio, tritati
- ¼ di cipolla rossa, grattugiata
- ¼ di tazza di prezzemolo fresco italiano tritato
- 2 cucchiai di foglie di menta fresca tritate
- 2 cucchiai di foglie di origano fresco tritate
- ½ cucchiaino di sale marino
- ¼ di cucchiaino di pepe nero appena macinato

Indicazioni:

Preriscalda il forno a 350 ° F. Posiziona la carta forno o la carta stagnola sulla teglia. Fai scorrere il pane sotto l'acqua per bagnarlo e strizzalo per eliminare l'eccesso. Tagliare a pezzetti il pane bagnato e metterlo in una ciotola media.

Aggiungere il tacchino, l'uovo, il pangrattato, l'aglio, la cipolla rossa, il prezzemolo, la menta, l'origano, il sale marino e il pepe. Mescolare bene. Formare il composto in palline da ¼ di tazza. Posizionare le polpette sulla teglia preparata e infornare per circa 25 minuti, o fino a quando la temperatura interna non raggiunge i 165 ° F.

Nutrizione (per 100 g): 350 calorie 6 g di grassi 10 g di carboidrati 42 g di proteine 842 mg di sodio

Agnello con Fagiolini

Tempo di preparazione: 10 minuti
Tempo di cottura: 1 ora
Porzioni: 6
Livello di difficoltà: difficile

Ingredienti:

- ¼ di tazza di olio extravergine di oliva, diviso
- 6 costolette di agnello, private del grasso extra
- 1 cucchiaino di sale marino, diviso
- ½ cucchiaino di pepe nero appena macinato
- 2 cucchiai di concentrato di pomodoro
- 1 tazza e mezzo di acqua calda
- Fagiolini da 1 libbra, tagliati e tagliati a metà trasversalmente
- 1 cipolla, tritata
- 2 pomodori, tritati

Indicazioni:

Cuocere 2 cucchiai di olio d'oliva in una padella larga finché non brilla. Condire le costolette di agnello con ½ cucchiaino di sale marino e 1/8 cucchiaino di pepe. Cuocere l'agnello nell'olio caldo per circa 4 minuti per lato fino a doratura su entrambi i lati. Metti la carne su un piatto da portata e mettila da parte.

Rimetti la padella sul fuoco e metti i restanti 2 cucchiai di olio d'oliva. Riscalda finché non brilla.

In una ciotola fate sciogliere il concentrato di pomodoro nell'acqua calda. Aggiungilo alla padella calda insieme ai fagiolini, alla cipolla, ai pomodori e al restante ½ cucchiaino di sale marino e ¼ di pepe. Portare a ebollizione, usando il lato di un cucchiaio per raschiare i pezzetti dorati dal fondo della padella.

Rimetti le costolette di agnello nella padella. Lasciar bollire e regolare la fiamma a un livello medio-basso. Cuocere a fuoco lento per 45 minuti fino a quando i fagioli sono morbidi, aggiungendo altra acqua se necessario per regolare lo spessore della salsa.

Nutrizione (per 100 g): 439 calorie 4 g di grassi 10 g di carboidrati 50 g di proteine 745 mg di sodio

Pollo in salsa di pomodoro e salsa balsamica

Tempo di preparazione: 10 minuti
Tempo di cottura : 20 minuti
Porzioni: 4
Livello di difficoltà: medio

ingredienti

- 2 (8 once o 226,7 g ciascuno) petti di pollo disossati, senza pelle
- ½ cucchiaino. sale
- ½ cucchiaino. Pepe macinato
- 3 cucchiai. olio extravergine d'oliva
- ½ c. pomodorini tagliati a metà
- 2 cucchiai. scalogno affettato
- ¼ c. aceto balsamico
- 1 cucchiaio. aglio tritato
- 1 cucchiaio. semi di finocchio tostati, schiacciati
- 1 cucchiaio. burro

Indicazioni:

Tagliate i petti di pollo in 4 pezzi e sbatteteli con una mazzuola fino a raggiungere uno spessore di ¼ di pollice. Usa ¼ cucchiaini di pepe e sale per rivestire il pollo. Scalda due cucchiai di olio in una padella e mantieni il fuoco a temperatura media. Cuocere i petti di pollo su entrambi i lati per tre minuti. Mettilo su un piatto da portata e coprilo con un foglio per tenerlo caldo.

Aggiungere un cucchiaio di olio, scalogno e pomodori in una padella e cuocere finché non si ammorbidisce. Aggiungere l'aceto e far bollire il composto fino a ridurlo della metà. Mettete i semi di finocchio, l'aglio, il sale e il pepe e fate cuocere per circa quattro minuti. Tiratela fuori dal fuoco e mescolatela con il burro. Versare questa salsa sul pollo e servire.

Nutrizione (per 100 g): 294 calorie 17 g di grassi 10 g di carboidrati 2 g di proteine 639 mg di sodio

Insalata di riso integrale, feta, piselli freschi e menta

Tempo di preparazione: 10 minuti
Tempo di cottura : 25 minuti
Porzioni: 4
Livello di difficoltà: facile

Ingredienti:

- 2 c. riso integrale
- 3 c. acqua
- sale
- 5 oz. o 141,7 g di formaggio feta sbriciolato
- 2 c. piselli cotti
- ½ c. menta tritata, fresca
- 2 cucchiai. olio d'oliva
- Sale e pepe

Indicazioni:

Mettere il riso integrale, l'acqua e il sale in una casseruola a fuoco medio, coprire e portare a ebollizione. Abbassate la fiamma e lasciate cuocere finché l'acqua non si sarà sciolta e il riso sarà morbido ma gommoso. Lasciar raffreddare completamente

Aggiungere la feta, i piselli, la menta, l'olio d'oliva, il sale e il pepe in un'insalatiera con il riso raffreddato e mescolare per unire Servire e gustare!

Nutrizione (per 100 g): 613 calorie 18,2 g di grassi 45 g di carboidrati 12 g di proteine 755 mg di sodio

Pane Pita Integrale Ripieno Di Olive E Ceci

Tempo di preparazione: 10 minuti

Tempo di cottura : 20 minuti

Porzioni: 2

Livello di difficoltà: medio

Ingredienti:

- 2 tasche di pita integrale
- 2 cucchiai. olio d'oliva
- 2 spicchi d'aglio, tritati
- 1 cipolla, tritata
- ½ cucchiaino. cumino
- 10 olive nere, tritate
- 2 c. ceci cotti
- Sale e pepe

Indicazioni:

Affetta le tasche della pita e mettile da parte. Regola la fiamma a una temperatura media e metti una padella in posizione. Aggiungere l'olio d'oliva e scaldare. Mescolare l'aglio, la cipolla e il cumino nella padella calda e mescolare mentre le cipolle si ammorbidiscono e il cumino è fragrante Aggiungere le olive, i ceci, il sale e il pepe e mescolare il tutto finché i ceci non diventano dorati

Metti la padella dal fuoco e usa il cucchiaio di legno per schiacciare grossolanamente i ceci in modo che alcuni siano intatti e altri schiacciati Scaldare le tasche della pita nel microonde, nel forno o su una padella pulita sul fornello

Riempili con la tua miscela di ceci e divertiti!

Nutrizione (per 100 g): 503 calorie 19 g di grassi 14 g di carboidrati 15,7 g di proteine 798 mg di sodio

Carote Arrosto con Noci e Fagioli Cannellini

Tempo di preparazione: 10 minuti
Tempo di cottura : 45 minuti
Porzioni: 4
Livello di difficoltà: medio

Ingredienti:

- 4 carote sbucciate, tritate
- 1 c. Noci
- 1 cucchiaio. miele
- 2 cucchiai. olio d'oliva
- 2 c. fagioli cannellini in scatola, scolati
- 1 rametto di timo fresco
- Sale e pepe

Indicazioni:

Impostare il forno a 400 F / 204 C e rivestire una teglia o una teglia con carta da forno. Posizionare le carote e le noci sulla teglia o padella foderata. Cospargere di olio d'oliva e miele sulle carote e sulle noci e strofinare tutto per assicurarsi che ogni pezzo è ricoperto Spargere i fagioli sulla teglia e adagiarli nelle carote e nelle noci

Aggiungere il timo e cospargere il tutto con sale e pepe Mettere la teglia nel forno e cuocere per circa 40 minuti.

Servite e gustate

Nutrizione (per 100 g): 385 calorie 27 g di grassi 6 g di carboidrati 18 g di proteine 859 mg di sodio

Pollo Al Burro Condito

Tempo di preparazione: 10 minuti

Tempo di cottura : 25 minuti

Porzioni: 4

Livello di difficoltà: medio

Ingredienti:

- ½ c. Panna da montare pesante
- 1 cucchiaio. sale
- ½ c. Brodo d'osso
- 1 cucchiaio. Pepe
- 4 cucchiai. Burro
- 4 metà di petto di pollo

Indicazioni:

Metti la teglia sul forno a fuoco medio e aggiungi un cucchiaio di burro. Una volta che il burro è caldo e sciolto, inserire il pollo e cuocere per cinque minuti su entrambi i lati. Alla fine di questo tempo, il pollo dovrebbe essere cotto e dorato; se lo è, vai avanti e posizionalo su un piatto.

Successivamente, aggiungerai il brodo di ossa nella padella calda. Aggiungi panna da montare, sale e pepe. Quindi, lascia la padella da sola finché la salsa non inizia a sobbollire. Lasciare che questo processo avvenga per cinque minuti per far addensare la salsa.

Infine, aggiungerai il resto del burro e il pollo nella padella. Assicurati di usare un cucchiaio per posizionare la salsa sul pollo e soffocalo completamente. Servire

Nutrizione (per 100 g): 350 calorie 25 g di grassi 10 g di carboidrati 25 g di proteine 869 mg di sodio

Doppio Pollo con Pancetta e Formaggio

Tempo di preparazione: 10 minuti

Tempo di cottura : 30 minuti

Porzioni: 4

Livello di difficoltà: facile

Ingredienti:

- 4 once. o 113 g. Crema di formaggio
- 1 c. Formaggio cheddar
- 8 strisce di pancetta
- Sale marino
- Pepe
- 2 spicchi d'aglio, tritati finemente
- Petto di pollo
- 1 cucchiaio. Grasso o burro di pancetta

Indicazioni:

Preparare il forno a 400 F / 204 C Tagliare i petti di pollo a metà per renderli sottili

Condite con sale, pepe e aglio. Ungete una teglia con burro e metteci dentro i petti di pollo. Aggiungere la crema di formaggio e il formaggio cheddar sopra i petti

Aggiungere anche le fette di pancetta Mettere la teglia in forno per 30 minuti Servire calda

Nutrizione (per 100 g): 610 calorie 32 g di grassi 3 g di carboidrati 38 g di proteine 759 mg di sodio

Gamberetti al Limone e Pepe

Tempo di preparazione: 10 minuti

Tempo di cottura : 10 minuti

Porzioni: 4

Livello di difficoltà: facile

Ingredienti:

- 40 gamberetti sgusciati, pelati
- 6 spicchi d'aglio tritati
- Sale e pepe nero
- 3 cucchiai. olio d'oliva
- ¼ di cucchiaino. paprika dolce
- Un pizzico di peperoncino tritato a scaglie
- ¼ di cucchiaino. scorza di limone grattugiata
- 3 cucchiai. Sherry o un altro vino
- 1 cucchiaio e mezzo. erba cipollina affettata
- Succo di 1 limone

Indicazioni:

Regola la fiamma a un livello medio-alto e posiziona una padella.

Aggiungere olio e gamberi, spolverare di pepe e sale e cuocere per 1 minuto Aggiungere la paprika, l'aglio e le scaglie di pepe, mescolare e cuocere per 1 minuto. Incorporate delicatamente lo sherry e lasciate cuocere per un minuto in più

Togliere i gamberi dal fuoco, aggiungere l'erba cipollina e la scorza di limone, mescolare e trasferire i gamberi nei piatti. Aggiungere il succo di limone dappertutto e servire

Nutrizione (per 100 g): 140 calorie 1 g di grassi 5 g di carboidrati 18 g di proteine 694 mg di sodio

Ippoglosso impanato e speziato

Tempo di preparazione: 5 minuti

Tempo di cottura : 25 minuti

Porzioni: 4

Livello di difficoltà: facile

Ingredienti:

- ¼ c. erba cipollina fresca tritata
- ¼ c. aneto fresco tritato
- ¼ di cucchiaino. Pepe nero macinato
- ¾ c. pangrattato di panko
- 1 cucchiaio. olio extravergine d'oliva
- 1 cucchiaino. la scorza di limone grattugiata finemente
- 1 cucchiaino. sale marino
- 1/3 c. prezzemolo fresco tritato
- 4 (6 once o 170 g. Ciascuno) filetti di halibut

Indicazioni:

In una ciotola media, mescola l'olio d'oliva e gli altri ingredienti tranne i filetti di halibut e il pangrattato

Mettere i filetti di halibut nella miscela e marinare per 30 minuti Preriscaldare il forno a 400 F / 204 C Mettere un foglio su una teglia, ungere con spray da cucina Immergere i filetti nel pangrattato e metterli sulla teglia Cuocere in forno per 20 minuti Servire caldo

Nutrizione (per 100 g): 667 calorie 24,5 g di grassi 2 g di carboidrati 54,8 g di proteine 756 mg di sodio

Salmone al curry con senape

Tempo di preparazione: 10 minuti

Tempo di cottura : 20 minuti

Porzioni: 4

Livello di difficoltà: facile

Ingredienti:

- ¼ di cucchiaino. pepe rosso macinato o peperoncino in polvere
- ¼ di cucchiaino. curcuma, macinata
- ¼ di cucchiaino. sale
- 1 cucchiaino. miele
- ¼ di cucchiaino. polvere d'aglio
- 2 cucchiaini. senape integrale
- 4 (6 once o 170 g. Ciascuno) filetti di salmone

Indicazioni:

In una ciotola mescolare la senape e il resto degli ingredienti tranne il salmone Preriscaldare il forno a 350 F / 176 C Ungere una pirofila con uno spray da cucina. Mettere il salmone sulla teglia con la pelle rivolta verso il basso e distribuire uniformemente la miscela di senape sopra i filetti Mettere in forno e cuocere per 10-15 minuti o fino a quando non si sfalda

Nutrizione (per 100 g): 324 calorie 18,9 g di grassi 1,3 g di carboidrati 34 g di proteine 593 mg di sodio

Salmone in crosta di noci e rosmarino

Tempo di preparazione: 10 minuti

Tempo di cottura : 25 minuti

Porzioni: 4

Livello di difficoltà: medio

Ingredienti:

- 1 libbra o 450 g. filetto di salmone surgelato senza pelle
- 2 cucchiaini. senape di Digione
- 1 spicchio d'aglio, tritato
- ¼ di cucchiaino. scorza di limone
- ½ cucchiaino. miele
- ½ cucchiaino. sale kosher
- 1 cucchiaino. rosmarino tritato fresco
- 3 cucchiai. pangrattato di panko
- ¼ di cucchiaino. peperone rosso tritato
- 3 cucchiai. Noci tritate
- 2 cucchiaini. olio extravergine d'oliva

Indicazioni:

Preparare il forno a 420 ° F / 215 ° C e utilizzare carta forno per rivestire una teglia da forno bordata. In una ciotola unire senape, scorza di limone, aglio, succo di limone, miele, rosmarino, peperoncino tritato e sale. In un'altra ciotola mescolare noci, panko e 1 cucchiaino di olio Mettere carta da forno sulla teglia e adagiarvi sopra il salmone

Distribuire la miscela di senape sul pesce e guarnire con la miscela di panko. Spruzzare leggermente il resto dell'olio d'oliva sul salmone. Infornare per circa 10-12 minuti o finché il salmone non viene separato da una forchetta. Servire caldo

Nutrizione (per 100 g): 222 calorie 12 g di grassi 4 g di carboidrati 0,8 g di proteine 812 mg di sodio

Spaghetti Al Pomodoro Veloci

Tempo di preparazione: 10 minuti

Tempo di cottura : 25 minuti

Porzioni: 4

Livello di difficoltà: medio

Ingredienti:

- 8 oz. o 226,7 g di spaghetti
- 3 cucchiai. olio d'oliva
- 4 spicchi d'aglio, affettati
- 1 jalapeno, affettato
- 2 c. pomodori ciliegini
- Sale e pepe
- 1 cucchiaino. aceto balsamico
- ½ c. Parmigiano grattugiato

Indicazioni:

Fai bollire una grande pentola d'acqua a fuoco medio. Aggiungete un pizzico di sale e portate a bollore quindi unite gli spaghetti. Lasciar cuocere per 8 minuti. Mentre la pasta cuoce, scaldare l'olio in una padella e aggiungere l'aglio e il jalapeño. Cuocere per 1 minuto in più, quindi incorporare i pomodori, il pepe e il sale.

Cuocere per 5-7 minuti fino a quando le bucce dei pomodori non scoppiano.

Aggiungere l'aceto e togliere dal fuoco. Scolare bene gli spaghetti e mescolarli con la salsa di pomodoro. Cospargere di formaggio e servire subito.

Nutrizione (per 100 g): 298 calorie 13,5 g di grassi 10,5 g di carboidrati 8 g di proteine 749 mg di sodio

Chili Origano Formaggio Al Forno

Tempo di preparazione: 10 minuti

Tempo di cottura : 25 minuti

Porzioni: 4

Livello di difficoltà: facile

Ingredienti:

- 8 oz. o 226,7 g di formaggio feta
- 4 once. o 113 g di mozzarella, sbriciolata
- 1 peperoncino a fette
- 1 cucchiaino. origano secco
- 2 cucchiai. olio d'oliva

Indicazioni:

Mettere la feta in una piccola teglia da forno profonda. Completare con la mozzarella quindi condire con fette di pepe e origano. coprite la padella con il coperchio. Cuocere nel forno preriscaldato a 350 F / 176 C per 20 minuti. Servite il formaggio e gustatelo.

Nutrizione (per 100 g): 292 calorie 24,2 g di grassi 5,7 g di carboidrati 2 g di proteine 733 mg di sodio

311. Pollo croccante italiano

Tempo di preparazione: 10 minuti

Tempo di cottura : 30 minuti

Porzioni: 4

Livello di difficoltà: facile

Ingredienti:

- 4 cosce di pollo
- 1 cucchiaino. basilico essiccato
- 1 cucchiaino. origano secco
- Sale e pepe
- 3 cucchiai. olio d'oliva
- 1 cucchiaio. aceto balsamico

Indicazioni:

Condisci bene il pollo con basilico e origano. Usando una padella, aggiungi olio e riscalda. Aggiungere il pollo nell'olio caldo. Lascia cuocere ogni lato per 5 minuti fino a doratura, quindi copri la padella con un coperchio.

Regola la fiamma a una temperatura media e cuoci per 10 minuti su un lato, quindi gira ripetutamente il pollo, cuocendo per altri 10 minuti finché non diventa croccante. Servi il pollo e divertiti.

Nutrizione (per 100 g): 262 calorie 13,9 g di grassi 11 g di carboidrati 32,6 g di proteine 693 mg di sodio

Pollo greco a cottura lenta

Tempo di preparazione: 20 minuti

Tempo di cottura: 3 ore

Porzioni: 4

Livello di difficoltà: medio

Ingredienti:

- 1 cucchiaio di olio extravergine d'oliva
- 2 libbre disossate, petti di pollo
- ½ cucchiaino di sale kosher
- ¼ di cucchiaino di pepe nero
- 1 (12 once) peperoni rossi arrostiti in barattolo
- 1 tazza di olive Kalamata
- 1 cipolla rossa media, tagliata a pezzi
- 3 cucchiai di aceto di vino rosso
- 1 cucchiaio di aglio tritato
- 1 cucchiaino di miele
- 1 cucchiaino di origano essiccato
- 1 cucchiaino di timo essiccato
- ½ tazza di formaggio feta (opzionale, per servire)
- Erbe fresche tritate: qualsiasi miscela di basilico, prezzemolo o timo (facoltativo, per servire)

Indicazioni:

Spennellare la pentola a cottura lenta con uno spray da cucina antiaderente o olio d'oliva. Cuocere l'olio d'oliva in una padella capiente. Condisci entrambi i lati del petto di pollo. Una volta che l'olio è caldo, aggiungere i petti di pollo e rosolarli su entrambi i lati (circa 3 minuti).

Una volta cotto, trasferiscilo nella pentola a cottura lenta. Aggiungere i peperoni rossi, le olive e la cipolla rossa ai petti di pollo. Prova a posizionare le verdure attorno al pollo e non direttamente sopra.

In una piccola ciotola, mescola l'aceto, l'aglio, il miele, l'origano e il timo. Una volta unito, versatelo sul pollo. Cuocere il pollo a fuoco lento per 3 ore o fino a quando non sarà più rosa al centro. Servire con formaggio feta sbriciolato ed erbe fresche.

Nutrizione (per 100 g): 399 calorie 17 g di grassi 12 g di carboidrati 50 g di proteine 793 mg di sodio

Pollo allo Spiedo

Tempo di preparazione: 10 minuti

Tempo di cottura: 4 ore

Porzioni: 4

Livello di difficoltà: medio

Ingredienti:

- 2 libbre petti di pollo disossati o offerte di pollo
- Succo di un limone
- 3 spicchi d'aglio
- 2 cucchiaini di aceto di vino rosso
- 2-3 cucchiai di olio d'oliva
- ½ tazza di yogurt greco
- 2 cucchiaini di origano essiccato
- 2-4 cucchiaini di condimento greco
- ½ cipolla rossa piccola, tritata
- 2 cucchiai di erba di aneto
- Salsa greca Tzatziki
- 1 tazza di yogurt greco naturale
- 1 cucchiaio di erba di aneto
- 1 cetriolo inglese piccolo, tritato
- Pizzico di sale e pepe
- 1 cucchiaino di cipolla in polvere
- <u>Per condimenti:</u>

- Pomodori
- Cetrioli tritati
- Cipolla rossa tritata
- Feta a cubetti
- Pane pita sbriciolato

Indicazioni:

Taglia i petti di pollo a cubetti e mettili nella pentola a cottura lenta. Aggiungi il succo di limone, l'aglio, l'aceto, l'olio d'oliva, lo yogurt greco, l'origano, il condimento greco, la cipolla rossa e l'aneto nella pentola a cottura lenta e mescola per assicurarti che tutto sia ben amalgamato.

Cuocere a fuoco basso per 5-6 ore o a fuoco alto per 2-3 ore. Nel frattempo incorporate tutti gli ingredienti per la salsa tzatziki e mescolate. Quando sarà ben amalgamato, mettete in frigorifero fino a quando il pollo sarà cotto.

Quando il pollo ha terminato la cottura, servire con pane pita e uno o tutti i condimenti sopra elencati.

Nutrizione (per 100 g): 317 calorie 7,4 g di grassi 36,1 g di carboidrati 28,6 g di proteine 476 mg di sodio

www.ingramcontent.com/pod-product-compliance
Lightning Source LLC
Chambersburg PA
CBHW071818080526
44589CB00012B/836